大展好書　好書大展
品嘗好書　冠群可期

大展好書　好書大展
品嘗好書　冠群可期

中華傳統武術 5

三十六把擒拿

佐藤金兵衛　佐藤千鶴子　編著

大展出版社有限公司

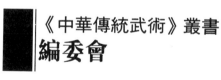

《中華傳統武術》叢書
編委會

顧　　問	徐　才	原中國武術研究院院長、亞武聯主席
	李　杰	中國武術研究院院長、中國武協主席
		國際武聯秘書長
	霍震寰	香港武術聯合會主席、亞武聯副主席
主　　編	張　山	中國武術研究院副院長（原）、中國武
		協副主席、國際武聯技術委員會主任
執行主編	裴錫榮	原上海市氣功科學研究會副理事長
		上海董海川八卦掌研究會會長
編輯委員	江松友　佐藤金兵衛（日本）　　吳忠賢
	吳英華　施祖谷　馬鑫良　陳康煦　陳湘陵
	郭瑞祥　高鐵鳥　張　山　鈴木千鶴子（日本）
	鄭志鴻　裴錫榮　臧學範　劉曉凌　韓明華

（以上名單按姓氏筆畫排列）

總　序

　　中華民族有著燦爛的文化寶庫，武術是其中一顆璀璨珠璣。悠久的中華傳統武術文化，爲保家衛國、強身健體、祛病延年作出過極大貢獻。縱觀歷史長卷，溯自黃帝時代就有了「干」與「戈」，軒轅皇帝乃習用干戈以征不享（《史記・五帝》），殷、商、周時代便有了角鬥（《周禮・月令》）。秦興角觝，漢有手搏，隋唐、兩宋興武舉、協武校（《唐書・選舉志》《宋史・選舉志》）。元、明、清時代武術較爲普遍盛行。隨著歷史文化的發展與社會制度的更迭，武術在這漫長歲月裡，幾經盛衰，走過了一段曲折的路程，表現出了頑強的生命力。

　　中華傳統武術文化首次在世界人民面前亮相，是在 1936 年德國柏林召開的第十一屆奧林匹克運動會上。當時中國派出了武術代表隊，由前中央國術館組隊並邀請鄭懷賢武術教授共同參加了奧運大會。在會上中國武術隊表演了「武當劍法」「叉術」及傳統徒手套路等精彩節目，爲本屆奧運會增添了嶄新的花絮，給各國運動員和觀眾留下了印象。會後代表隊又在漢堡等地做了多場巡迴演出，受到了德國人民的友好稱讚。

　　1949 年，中華人民共和國宣布成立，給中華傳統

武術帶來了春天般的勃勃生機。武術運動在黨和政府的關懷下，得到了迅猛的發展。中華武術不僅成爲人民大衆強身健體的鍛鍊項目，而且已經走進了亞運會的殿堂。傳統武術的挖掘、整理工作也取得了顯著成果，出版的武術書籍如雨後春筍，對我國武術事業的繁榮起了承先啓後的作用。

中國武術拳種繁多。世界各國的武術社團及武術愛好者，相繼來到中國學習中華武術和交流取經；中國的武術運動員、教練員也不斷走出國門，參加國際武術比賽傳授武術，進行各種武術文化交流。武術源於中國，屬於世界。1990年「國際武術聯合會」順應武術蓬勃發展的形勢而成立。中國武術正邁向奧運。

中華傳統武術文化是一種以人爲對象的人文科學，它集健身祛病、技擊攻防和自娛娛人等藝術價值爲一體，匯東方文化於一身，具有獨特的研究價值。它不僅是一種形體鍛鍊和精、氣、神的內在運動，更是一種精神陶冶。

時逢盛世，全面、深入地整理、繼承和發揚中華傳統文化遺產，吸取其精華，推陳出新，是歷史賦予我們的使命。爲此我們編輯了《中華傳統武術》叢書。

本書收入了各家各派的武術優秀拳械套路，可謂百花齊放，四海一家，我武維揚，是爲序。本套叢書預計包括：

（一）中華古今兵械圖考

（二）武當劍

　　本書在編寫過程中，承蒙上海市武術協會、上海武術院、上海市氣功科學研究會的大力支持，在此表示謝意。

《中華傳統武術》叢書編委會

序 言

　　擒拿法是中國武學中有機組成部分，也是由武術運動逐步發展而成的一項完整的克敵制勝的技擊招法。從中國古代文獻上來看，《漢書‧刑法志》上有「齊，以技擊強；魏惠，以武卒奮；秦昭，以銳士勝。」這說明中國武學在春秋戰國時期就已經發展到較高水準了。

　　在武術技擊運動中，必須以過人的膽識和精湛的功力，加上技巧而取勝，包括著擒和拿的招術了。使用擒拿手法，還必須具備紮實的基本功功底，武術界有句名言：「練拳不練功，到老一場空」，即明顯注重了這一點。

　　古代人練武，大多數先練「五拳」——龍、虎、豹、蛇、鶴。五拳功夫的特點為：龍練神、虎練骨、豹練力、蛇練氣、鶴練精。這五拳就是基本功的合氣功。俗言「筋長一寸，力長百斤」。合氣功對伸長筋骨有很大增益。

　　擒拿法也稱「合氣術」「分筋術」。合氣術是把內氣和外勁合在一道使用，簡單地說就是內三合和外三合。分筋術是專門利用人體的關節、穴位來制勝的方法，例如，用反關節制敵便是。

　　三十六把擒拿法是武術中的著名招術，經常練

習，不但對技擊有較好的作用，而且，對健身強體也是十分有效的。

擒拿手法與其他武術項目也有相同的一點，在演練時它的動作、姿勢是規範的，固定的，但在實際運用當中，卻是變化莫測，招式裡面有招式。每一招均可制人，但每一招也均有它的破解法。習練者只要用心體會，時長日久後必能掌握其中奧妙之處。

這次由許多著名武術家們根據多年的實踐經驗，在盡量保持原來的風格和基礎上進一步精心整理，將《三十六把擒拿》之技奉獻給廣大讀者。希望廣大擒拿愛好者珍惜它，千萬著重武德修養，練好上乘擒拿武功。

目　錄

緒　論

　　擒拿這個名詞廣大青少年比較熟悉，但它究竟是一項什麼形式的活動，這一點恐怕許多讀者就不知道了。在本書中，我們專門向大家介紹擒拿術，並由淺入深地教會大家了解擒拿術的原理，通曉擒拿術的基本功訓練的方法，掌握實用擒拿解曉動作。

　　擒拿術，古代稱之「分筋術」。它是一項對抗性的武術運動，它同其他拳術的區別在於拿反關節的原理，利用點、搬、拿、扣等手法制服對手，武術中有句術語說：「遠打，近拿，貼身摔。」這就是說兩者相遇爭雄時，距離遠則箭步上前格鬥，靠近了就用拿法將其制服，身體貼近時要用摔法將其摔倒。

　　當格鬥時，雙方都持器械的場合情況下，經常會出現器械折斷或失落的時候。在這時，要化被動為主動僅僅靠勇敢是不行的，必須有招術用徒手奪兵器，空手制頑敵。誘之於敵勝之於敵。在肉搏格鬥中，擒拿可大顯身手。擒拿術在技擊運動中有相當重要的地位。

　　擒拿術歷史悠久，雖然我們尚未查明擒拿術起於何年何代，但歷史告訴我們它在原始社會氏族公社時就已經逐步開始形成。那時，各個部落之間經常因為各種原因而引起戰爭，那時沒有專門從事戰爭的軍隊。一旦戰爭爆發，從事狩獵活動的獵人就組成了一支軍隊，由部落首領帶領前去戰

鬥，在戰爭中他們就像狩獵一樣，遠則弓箭射之，近則棍打斧砍。隨著戰爭的發展，一個人要對付好幾個人的進攻，有時會赤手空拳地與對方肉搏。這樣他們在戰爭實踐中對擊技不斷地總結和豐富，並傳授給下一代。

兵器對練，空手對兵器，單人對練，單人對多人的技能，就這樣逐步地從用於狩獵而發展到用於戰爭。自周秦到元明，據文字記載，搏鬥形式的運動有角力、角抵、手搏、相撲、擊劍、較棒、刺槍等等。

角抵是一種以軍事戰鬥技能為內容，而以搏鬥形式出現的體育運動。這就是擒拿的萌芽。

自古以來，擒拿術以各種形式流傳民間。明朝陳元斌所著的《萬法全書》是我國第一本擒拿術的專著。陳元斌總結了前人的技巧，編排的擒拿動作濃縮，結構嚴謹，環環相扣，變化多端，為歷史武林之秘寶，流傳於世。

擒拿術是中國歷史寶庫中的一朵奇葩。現在中國民間傳統武術正處在一個新的興旺時期，各種流派、各種拳術都得到挖掘和發揚。在國內擒拿術正以各種形式在民間流傳。目前流傳於世的有《武當擒跌拳》《七十二把擒拿法》《一百二十把擒拿法》《金雞鬥》等。在這些擒拿術中也有各種流派，單拿七十二把擒拿來說，就有許多不同的套路。

擒拿有進攻、防衛、破解之法。所以在訓練中要求訓練者眼耳手腿腰等全身各部分配合應用。在對練中不僅是耐力的抗衡和力量的對比，而且是靈敏速度的比賽。可見學習擒拿術不僅能舒筋活血，強健身體，而且能培養機智勇敢的品質和快速反應的能力。既鍛鍊身體又能掌握擊技本領。

公安、偵察、邊防部隊歷來把擒拿作為必修項目。擒拿

術也傳到了國外，日本的柔道就是中國拳術和擒拿術的發展。擒拿術的快速靈敏和擊技性強的特點，使國外人士讚嘆不已。

美國有個警校教官說：「過去逮捕犯罪分子，往往採取過分粗暴的舉動，引起輿論抨擊，自從學習了中國功夫，逮捕犯人就省事多了，又符合保障人權的目的。」

要學擒拿術是要花一點工夫的。拳術上說：「拳以勁為上，以法為貴，懂勁而知法者，上乘功夫，懂勁而不知法者，中乘功夫，不懂勁不知法者，下乘功夫。」擒拿術好懂易學是指有些動作一看就會，但要想實用必定要有一定的功底。如果只圖新鮮，想一氣學會擒拿術而不想練基本功，到頭來最多學會架子實無功底，使招法走樣而無實用價值。

「勁」必須下苦功夫練，「法」在訓練中要反覆體會，這樣才能「勁」「法」皆為上。

目前社會上有一些擒拿冊子，其中多為套路，無基礎教材。為此，我們根據多年學習擒拿的體會，對以前的一些擒拿手法、技術加以研究整理，並在原來的風格基礎上重新編寫了本書，力求使初學者更清楚地懂得擒拿的原理，明曉使用方法和基本功的訓練法，掌握一些常用的招法。由於我們才識疏淺，難免有謬誤處，望海內外各家指正，以期使一本完整的擒拿術基礎問世。

擒拿術的原理

　　擒拿術是用反關節和點拿穴位的方法制勝於敵，在使用中不是靠蠻力，而是用發功借勁的方法，擒拿術是以人體為目標，施展各種方法制敵於死地，因此，初學者必須懂得人體的骨骼關節和經絡。

　　人體各部組成一個整體，各部組織臟器之間都有密切的聯繫，經絡是人體內外左右上下表裡的主要聯絡者，它像工廠的各種管道一樣，有主幹分支，這些經絡發源於臟腑，網絡全身，運輸氣血，周流全身，外連五官七竅四肢。點拿穴位能使其氣血不通，麻酸痛直至失去知覺。下面介紹在擒拿中常用的部分穴位和關節部位。

（一）擒拿的常用穴位

1. 百會

　　【部位】在頭頂，屬督脈。

　　【認穴方法】在頭頂上，從兩側耳際一直向上，頭頂中線凹陷處。

　　此穴布有枕大神經，深處有血管。常以指取之。取此穴應特別小心，不可輕用（見圖 A1）。

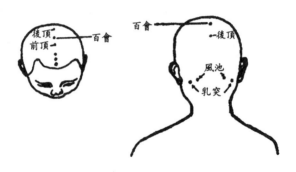

圖 A1　百會（正面、反面）、風池

2. 風池

【部位】在頸後枕骨粗隆直下凹陷處與乳突肌之間凹陷之中。

【認穴方法】在髮際下緣，斜方肌之起點外下緣。

此穴有枕動脈和枕靜脈，分布著枕大神經和枕小神經。常以指取，有痛、麻、脹之感（見圖 A1）。

3. 迎香

【部位】在面部，位於鼻翼中部之旁鼻唇溝中，屬陽明大腸經。

【認穴方法】於鼻翼旁鼻唇溝中取穴。

此穴有眶下動脈、眶下神經（皮膚）、面神經分布（肌肉），深部有頜外動脈。以指取此穴有酸痛之感（見圖 A2）。

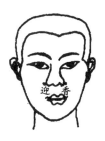

圖 A2　迎香

4. 頰車

【部位】在面部，屬足陽明胃經。

【認穴方法】從下頜角直上約四分，在牙齒咬緊時有一肌肉突出處（見圖 A3）。

此穴布有面神經和咬肌，取穴有酸痛感。常用拳取之。

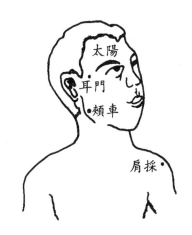

圖 A3　頰車、耳門、太陽、肩髃

5. 耳門

【部位】在耳前切跡線凹陷中。

【認穴方法】開口時耳屏前逞凹陷處，下顎骨小頭上方顴骨下方。

此穴有顳淺切動脈及靜脈，分布著耳顳神經及面神經。常以拳或指取此穴，有痛、脹之感，重則暈昏不能語。要特別小心（見圖 A3）。

6. 太陽

【部位】在左右側頭上部，屬經外奇穴。

【認穴方法】.在眉梢與目外眶外移交界處，陷中。

此穴處腦殼很薄，布有大小腦神經，此乃要害穴。以拳掌取之，輕則昏暈，重則死亡。一般不取此穴（見圖 A3）。

7. 肩髃

【部位】在肩胛骨肩峰外側，位於肩峰端下緣與肱骨大粗隆之間凹陷處。

【認穴方法】三角肌起點的中點處，或上臂平舉時肩部呈現兩個凹陷，於前凹陷處取穴（見圖 A3）。

取此穴常以點、按壓、按撥之法，使肩關節周圍酸脹。

8. 膺窗

【部位】在胸部，屬足陽明胃經。

【認穴方法】鎖骨中線第三四肋骨之間，位於乳頭之上。

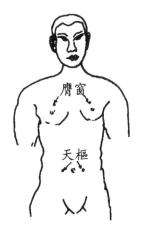

圖 A4　膺窗、天樞

此穴有第三肋間動脈、肋間神經、胸前神經分布,胸腔內容肺臟,常以點、按壓之法取穴,有心悶頭暈之感(見圖 A4)。

9. 天樞

【部位】在腹部,屬足陽明胃經。
【認穴方法】肚臍正中左右外開 2 寸處。
此穴常用掌、拳取之(見圖 A4)。

10. 臑兪

【部位】在後肩,屬手太陽小腸經。
【認穴方法】由腋窩後面的豎紋用手往上推,一直推到肩後一塊斜向肩上橫著的骨頭(肩胛骨)下緣,當感到推不動時便是。
此穴有肩動、靜脈,臂皮神經和腋神經。以指取此穴,

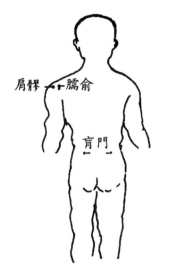

圖 A5　肩髎、臑俞、肓門

有麻木無力之感（見圖 A5）。

11. 肩髎

【部位】在後肩，屬手少陽三焦經。

【認穴方法】胳膊平舉，在肩關節上有兩個凹窩，前面的凹窩是肩採，後面的便是本穴，兩穴齊平相距 1 寸許，當胳膊下垂，由肩膀頭上的高凸骨（鎖骨肩峰端）後緣直下約 2 寸，當骨縫中間（即肩峰與肱骨大結節間）。

取此穴效果與肩採穴同（見圖 A5）。

12. 肓門

【部位】在後腰。

【認穴方法】第十二肋骨游離端之下際，挾脊季肋下

圖 A6　曲池

（後）一寸八分。

　　此穴布有第一肋間動脈、靜脈和第十一肋間神經，內部右側有升結腸，左側有降結腸。常以四指併穿擊取此穴，有痛脹之感（見圖 A5）。

13. 曲池

　　【部位】在肘部，屬陽明大腸經。

　　【認穴方法】當肘彎曲成 90°時，於肘橫紋外端與肱骨外髁之間取穴。

　　此穴在肱骨外上髁前方，肱橈肌橈側腕長伸肌之間，深而有橈神經通過，有臂背側皮神經分布。常用點、按壓、按撥等法。有酸、麻、脹之感傳至腕部（見圖 A6）。

14. 少海

　　【部位】在肘彎處，屬手太陰心經。

　　【認穴方法】屈肘成直角時，本穴在肘關節內側橫紋頭處，若肘微屈或伸臂取穴，此穴在肘關節內側的一高骨突起處，即在肱骨內上髁與曲澤中間。

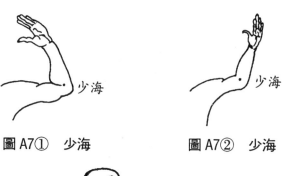

圖 A7① 少海　　　　圖 A7② 少海

圖 A8 小海

此穴有側皮神經，前掌正中神經。常以指拿，有麻木酸痛感，可與曲池配合拿之（見圖 A7①②）。

15. 小海

【部位】在肘彎處，屬手太陽小腸經。

【認穴方法】在肱骨內上髁之後凹陷處。

此穴有尺神經通過，臂內側皮神經司皮膚感覺。常以點法、按壓法、按撥法取之（見圖 A8）。

16. 合谷

【部位】在虎口岐骨間隙中，屬陽明大腸經。

圖 A9　合谷

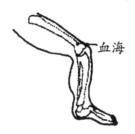

圖 A10　血海

【認穴方法】（1）拇、食兩指張開，以另一手拇指關節橫紋放在虎口處，當拇指尖到達的地方便是。（2）拇、食二指併攏，就出現一條豎直的紋，同時緊靠著豎紋有一條突出的肌肉，這條豎紋肌肉最突出處便是。

此穴布有手背靜脈網，取此穴有酸、脹、麻之感，常用指取（見圖 A9）。

17. 血海

【部位】在膝關節上，屬足太陰脾經。

【認穴方法】人正坐屈膝垂足，本穴在股骨內上 2 寸股內收肌的突起中點處。

此穴常以指取（見圖 A10）。

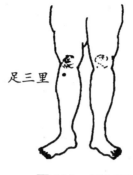

圖 A11　足三里

18. 足三里

【部位】在外膝眼下三寸處，屬足陽明胃經。

【認穴方法】於外膝眼直下三寸，脛骨前嵴一橫指處取穴。

此處有脛骨、骨外，只覆有極薄肌肉，內有腓深神經及脛前動脈經過，由腓腸外側皮神經司皮膚感覺。常用點、按壓、按撥等法取此穴，有酸、麻之感傳至足尖（見圖A11）。

19. 仆參

【部位】在腳踝處。

【認穴方法】在腳踝尖上面。

用腳取穴疼痛難忍（見圖A12）。

20. 申脈

【部位】在腳踝處。

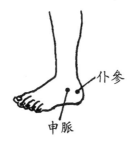

圖A12　仆參、申脈

【認穴方法】在腳外踝尖直下，距離外踝下緣五分處。

此處有跟骨和腳趾神經，用腳取穴，極疼痛（見圖A12）。

上述是擒拿術中常用穴位，這些穴位是初學者必須掌握的。有人初學時往往擔憂不能準確地找到穴位。其實，這是初學者的通病。要準確地拿住穴位是有一個過程的，首先要看懂各穴位位置的介紹，要大體明白每個穴位的部位。然後按圖所示，在自己身上尋找。

尋找時要心細，有時位置稍有差錯，就捏不準。只有在自己身上能很熟練地找出各個穴位，而且能得到正確的感覺後，才能再進一步地掌握，這時就需要有一個對手。二人可相互在對方身上拿穴。

初學時宜慢要求準，有正確的感覺。人體的穴位有基本的位置，在針灸中取穴，以被取人身材而量，人的高低胖瘦不一，有的穴位位置也稍有移動，但不管有多少差異，基本位置是不變的。因此，如有可能有更多的可利用練習的對象的話，對於正確地掌握穴位的位置是很有幫助的。

當在靜態時能掌握後，兩人可一人出題，一人迅速找出對方身上的穴位。這時就要求快而準，接下來就可兩人對練。這時要求在對方運動的情況下拿準對方穴位。

初學時不易拿準，這沒關係，眼要善於在對方的表情中找到自己的穴位是否拿準了。一次不準再拿一次，這全憑手指的感覺意識了。

在這種練習中一定要快，如果不快再準也不實用。在快中求準才行之有效。在兩人對練中，起先可以穿汗衫練習，這樣容易些，以後可穿上衣服練習，以至熟練後穿上棉衣也能拿準、拿狠。

在練習中要特別注意一些要害穴位，如「太陽」「百會」「耳門」「足三裡」等，只可認穴，不可取穴。即使是練習，也只能象徵性地練習，切不可施重手法，避免傷亡事故發生。在練習中注意安全最為重要。仔細認穴，也可參照圖 A13（正面常用穴位全圖）和圖 A14（背面常用穴位全圖）。

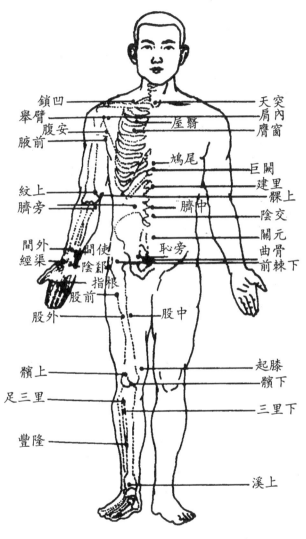

鎖凹　　　　　　　　　　　　　天突
舉臂　　　　　　　　　　　　　肩內
　腹安　　　　　　屋翳　　　膺窗
腋前

　　　　　　　　鳩尾
　　　　　　　　　　　　　巨闕
紋上　　　　　　　　　　　建里
臍旁　　　　　　　　　　　髁上
　　　　　　　臍中　　　　陰交
　　　　　　　　　　　　　關元
間外　　間使　恥旁　　　　曲骨
經渠　陰郄　　　　　　　前棘下
　　　指根
　　　股前
股外　　　　股中

髖上　　　　　　　　　起膝
　　　　　　　　　　　髕下
足三里　　　　　　　　三里下

豐隆

　　　　　　　　　　　溪上

圖 A13　常用穴位全圖（正面）

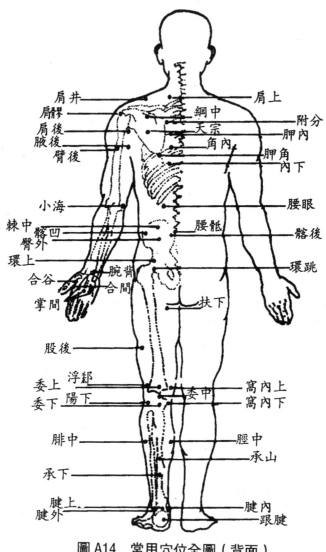

肩井　　　　　　　　　肩上
肩髃　　　　綱中
肩後　　　　天宗　　　　附分
腋後　　　　角內　　　　胛內
臂後　　　　　　　　　　胛角
　　　　　　　　　　　　內下

小海　　　　　　　　　腰眼
棘中　髁凹　　　腰骶　　髂後
臀外
環上　　　　　　　　　環跳
合谷　腕背
　　　合間
掌間　　　　　　扶下

股後

委上　浮郄　　　　　　窩內上
委下　陽下　　委中　　窩內下

腓中　　　　　　　脛中
　　　　　　　　　承山
承下

腱上　　　　　　　腱內
腱外　　　　　　　跟腱

圖 A14　常用穴位全圖（背面）

（二）擒拿的常用關節及部位圖

人的運動系統是人從事運動的器官，這主要由骨、關節和肌肉三部分組成，它們肩負保護、支持和運動的作用。肌肉附在骨骼上，關節連接著骨骼，骨骼形成身體支架，運動系統在各個部位有不同的作用。在頭部有保護腦和感覺神經的作用，在軀幹有著保護胸腔內臟的作用。在四肢有支持和運動的作用。

人體各個關節的活動都有一定的範圍，用強力迫使關節超越正常的活動範圍就會疼痛脫臼，失去正常的功能，當要害部位受到打擊時就會擊昏失去知覺。

擒拿術就是以此為依據的。利用反關節的原理使人不能動彈，如強力行動就會骨折，擒拿制服於人的原因就在於此。了解了這些知識就能得心應手地、準確地控制對手的關節制而勝之。

常用於擒拿中的關節及部位有如下幾種：

1. 手腕

在手掌根，由腕骨和掌骨組成。活動範圍比較大，能前屈、後伸、內收、外展和旋轉等運動。此處有腕骨等穴，常用正反拿法和鎖法取之。力猛可使腕骨脫臼或韌帶撕裂甚至骨折。

2. 肘部

上臂和前臂的連接部位叫肘部。上臂有肱骨，前臂有尺

骨和橈骨。它的活動範圍比較小，不能向後彎曲。此處有曲池、小海等穴，多用反關節和靠打的方法取之，在手臂完全伸直時由後方打會脫臼。

3. 肩關節

由兩塊骨組成，一塊在肩部前方，細長形叫鎖骨，它的一端與胸骨相連，另一端與肩胛骨相連，肩胛骨在肩的後方，肩胛骨和上臂的肱骨相連組成關節，肩關節的活動範圍是人體關節中最大的，可360°自由活動。由於它的靈活性大，所以比較容易脫臼。

此處有肩髃、肩髎等穴，可反拿取之脫臼。

4. 膝關節

脛骨的內外髁與股骨下端的內外髁及髕骨組成膝關節。小腿內側的脛骨粗壯，是主持體重的主體，外側的腓骨細長，起輔助作用。

膝關節能前後彎曲180°。膝關節上下有血海、足三里等穴。常用反膝關節的方法使敵倒地。或腳踢足三里等法。人站立時最怕前側方踢膝關節，重則脫臼肌肉撕裂。

5. 腳踝

由跗骨、趾骨組成。是人體站立時的支撐點，腳踝關節活動範圍小，腳踝處有申脈等穴。常用踢法或絆法取之。此處受暴力打擊會脫臼韌帶撕裂。

6. 腰肋、軟肋

人體的胸骨由十二對肋骨一塊胸骨及脊柱的胸椎部分組成。肋骨是十二對弓形細長骨，肋骨前端有軟肋骨與胸骨相連，後端與胸椎相連，第十一二肋骨前端沒有連接，稱之腰肋。軟肋在前胸有膺窗等穴，可用肘、指、掌擊打，腰肋有京門等穴，可用轉靠、切、背等法取之。

7. 天庭

在頭前頂，有顱骨。顱骨中間的空腔叫顱腔，內藏腦，顱骨有保護腦、眼和內耳的重要作用。此處多神經，一般用掌根打。

8. 下頜

在頭面頰處，由上下兩側骨組成，包括整個下巴和牙齒，有頰車等穴，可用拳擊。

對上述關節的使用，只有在經常練習中才能加深理解。在練習中對關節部位的反拿一般不強取，只求有所感覺，切不可一時暴力致使不測事故的發生。

擒拿是根據人體生理的特點而產生的一種武術形式。上面介紹了人體的穴位和關節骨骼，當然，所介紹的穴位和骨關節僅是人體中的一部分。雖然這些是常用的，是學擒拿術者必須掌握的，但還有一些穴位對人體的傷害還要大。這些穴位有麻筋（見圖 A15 麻筋圖）、暈傷死穴。

有關暈傷死穴在裴錫榮所著《點穴與救傷》一書中已作

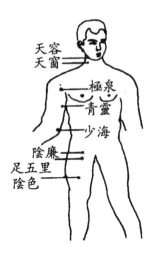

圖 A15　全身麻筋圖

詳盡介紹。

　　在擒拿中針對不同的穴位和關節採用不同的方法，得到的效果也不一樣，常用的手法較多，但目的都是制服對方，使之不能動彈。

　　這通常用反關節的方法，用反關節制人一般不會傷人，只要手一鬆對方就可恢復行動，當然，兩人一交手就要使人不能動彈是很難的，還要靠其他辦法。在攻防中施展各種手法，既要防已不被人制服，又要制服對方，拿、切、打、靠、踢之法均可使用。

　　但有一條需切記的，這就是不可傷人，更不可害人。在擒拿中若傷了人不只是一般皮膚破裂，而是骨折，肌肉撕裂，韌帶傷斷，這些傷病不是一日兩天可醫癒的，輕則十天，重則數月。至於害人之事更不可幹。本文所介紹一些穴位，非到特殊緊急關頭切不可用。

有關人體主要關節部位（見圖 A16 人體骨骼圖—正）、（圖 A17 人體骨骼圖—背）、（圖 A18 上肢骨骼圖—前、後）、（圖 A19 下肢骨骼圖—前、後）。

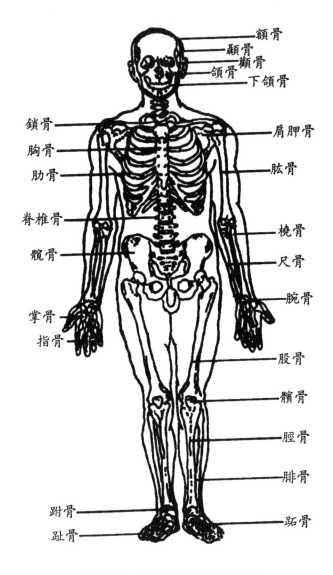

額骨
顳骨
顴骨
頜骨
下頜骨

鎖骨
肩胛骨
胸骨
肱骨
肋骨
脊椎骨
橈骨
髖骨
尺骨
腕骨
掌骨
指骨
股骨
髕骨
脛骨
腓骨
跗骨
跖骨
趾骨

圖 A16　人體骨骼圖（正面）

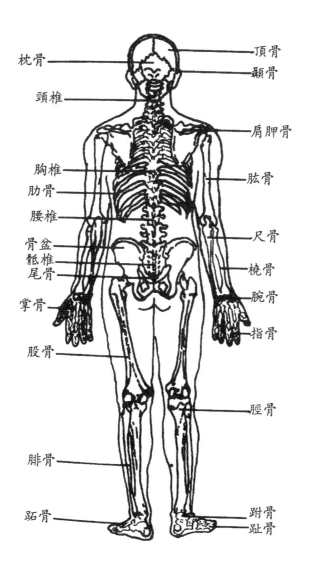

枕骨

頸椎

胸椎

肋骨

腰椎

骨盆
骶椎
尾骨

掌骨

股骨

腓骨

跖骨

頂骨
顳骨

肩胛骨

肱骨

尺骨

橈骨

腕骨

指骨

脛骨

跗骨
趾骨

圖 A17　人體骨骼圖（背面）

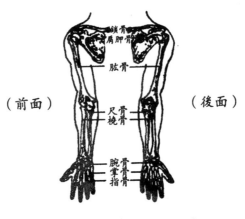

（前面）　　　　　　（後面）

圖 A18　上肢骨（右側）

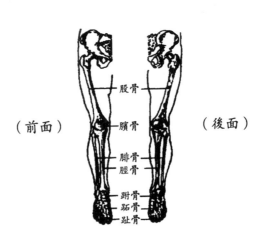

（前面）　　　　　　（後面）

圖 A19　下肢骨（右側）

擒拿的手法

人體的穴位和關節，是擒拿的基本對象。因此，只有施展不同的手法才能在不同的場合制服對方。擒拿術的手法很多，並有十八字訣。十八字訣有兩種。

一種是：點、拿、鎖、扣、搬、纏、切、壓、摔、擒、抓、撥、撐、封、閉、跌、攔、刁。

另一種是：擒、拿、封、閉、瀉、沉、吞、吐、抓、拉、撕、扯、拾、挑、打、盤、板、壓。

這兩種十八字訣手法各異，而一般以第一種為主。下面著重介紹第一種十八字訣的手法。

（一）點：點就是點穴

常用的手形是食指直伸，餘指握緊成拳。或食中兩指直伸，餘三指成拳。點穴力在指點，是用戳法點穴。點穴除用直伸指外，還可用肘尖、腳指點穴（見圖 A20）。

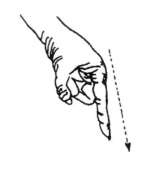

圖 A20　點

點的用法在《擒跌拳》中有點拿「眉心」法，在《擒拿與解法》一書中有推點「迎香」之法等。

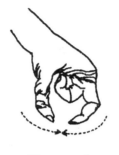

圖 A21　拿

（二）拿：拿是拿關節、拿麻筋

這兩種拿法手型各異，拿麻筋是用指，拿關節是用掌緣與手腕之力。

拿麻筋常以食、拇二指捏拿麻筋。

拿關節一般以手腕之力，也有用一隻手的，也有用兩隻手的，有掌拳配合而用的，也有掌肘配合而用的。已出版的《七十二把擒拿》中有左右卷臂拿等動作。二指捏拿法（見圖 A21）。

（三）鎖：鎖是指鎖喉、鎖關節、鎖腿

鎖的目的是不准對方動彈，使其無力可施。用鎖法有用手的，也有用腳的。《擒拿與解法》中有跪腳鎖臂，採鎖喉門等法。

（四）扣：扣是施力使對方關節彎屈

用扣法有的用手，有的用腳。目的是用於進攻的準備動

作。用扣法本身不傷人，而一旦扣法成功後便接著施用他法把對方制服。

《七十二把擒拿》中有跪腳扣法，本書中有挺滾法。都是用扣法，而且兩種扣法有用手和腿。兩種方法在不同部位起一定的作用。

（五）搬：搬是搬頭扭頸

搬這一手法用於頸部，因頭部神經多，而活動範圍有限。搬一般是在危急關頭使用的手法，以兩手捧對方的頭，用腰力猛力向左或向右扭轉。但此法極易傷人，在一般情況下是不用的。本書中有挾頸搬頭，《七十二把擒拿》有搬撑頭頸之法。

（六）纏：纏是纏手纏腕

纏法用手腕之力，有單手使用，也有兩手合用的。纏是一種進攻性的手法，也是一種防守性的手法。當敵抓住我手腕時，我急以被抓之手腕反壓對方，並急欲抓住對方手腕。

這種手法是以防守轉為進攻的，稱之「小金絲纏腕」，在這種情況下，如果以另一手壓住對方抓來之掌背，一手反抓對方手腕的稱為「大金絲纏腕」。在本書中有金絲纏腕的動作，而在《七十二把擒拿》中有纏絲腿等法。

（七）切：切也就是劈

用手掌緣切腰、切頸、切臂肌等，手型有立掌和橫掌兩種。兩種掌型都要求拇指彎曲，四指伸直微有內扣，四指微張，掌緣處是力，是一種進攻性的動作，用以打擊對方，使

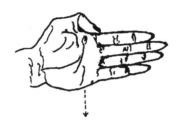

圖 A22　切

其局部受傷而無反抗能力（圖 A22）。《擒拿與解法》中有怒切腰肋之法，《八卦六十四散手》中有採腕切腰、肘化切腹之法。

（八）壓：壓是指壓關節處

這通常與「擒」「拿」一起使用。是用腕、肘、膝等處反對方關節處，使其無法動彈，重則關節脫臼，使用對象是對方的膝關節、肘關節、臂關節、腕關節等處。《擒拿與解法》中有抓腕壓臂之法，《八卦六十四散手》中有壓臂肩靠等法。

（九）摔：摔是抓住對方用力將他摔倒在地

這也是平時大家常說的摔背包和摔打。「摔」在擒拿中是一種手法，而其本身就是一個體育運動的項目，所以摔的方法很多，要以手腳配合腰功，擒拿中以背包為多。《擒拿與解法》中有箍腰背摔之法。本文介紹為小背包摔法：

（1）甲乙二人對面相距約一步站立（見圖 A23①）。

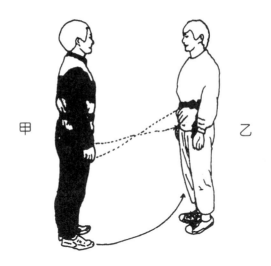

圖 A23① 摔

圖 A23② 摔

（2）甲右腳向前上一大步，落於乙的右腳外側，同時左手搭住乙的右手腕或前臂，右手伸至乙左腰後搭住腰帶（見圖 A23②）。

甲　　　　　　　　　乙

圖 A23③　摔

（3）甲急左轉腰身體下俯，左手將乙之右臂猛向左拉，右手搭腰帶提起，用臀部將乙身體支起，使乙失去重心，而乘向左旋轉的慣性，將其摔出（見圖 A23③）。

（十）擒：擒是一種進攻的準備動作，尾隨進行攻擊

擒的手法是以手抓，一般以五指擒人，擒的對象是四肢和頭。《擒拿與解法》中有擒拿臂、腕之動作。

（十一）抓：抓是抓腕、抓髮、抓肩

抓的手型與擒同，而抓的用法是帶進攻性的，在抓的同時有時要採用拿法，抓拿並舉。比如在肩、肘部位，在抓的同時配合以拿穴位或麻筋。《八卦六十四散手》中有抓腕搬肩之法。

（十二）撥：撥是化解對方手、腳、腿的進攻

撥是一種防守的手法，用手或臂來化解對方的進攻。如

對方拳打我上路，我即出掌或拳以手腕處撥開敵拳，不管對方怎樣進攻，我以手從裡朝外以撥拳，從上而下以撥腳，在撥的同時可施進攻手法，或在撥後即施進攻手法。《擒拿與解法》中有解臂雙推之法。

（十三）捋：捋是捋臂

捋是一種進攻性的手法，用以捋臂、捋腿，而主要用於捋臂，常用的手法是，右手抓住對方手腕，左手抓住對方肘部以上部位，右手先用力將對方手臂拉直，左手按住其後肘上，這樣對方手就不能彎曲了，隨後像絞乾衣服一樣，右手向左捋，左手用力往下按並往右捋，如力大對方手臂必斷。

（十四）封：封是封喉封腰

封是一種承上啟下的動作，一般在轉身時用，封的手型是八字掌，以八字掌卡喉卡腰。《擒拿與解法》中有翻身封喉之法。

（十五）跌：跌是指跌撲功

這是一種防守動作，起到保護自身的作用。跌分兩種，一種是主動跌，這是在遭到對方攻擊時，一時無法解脫，而主動倒地以避其銳。

第二種是被動跌，當自己被對方施摔法時無法化散而倒地，跌的方法有前仆、後倒、側倒、滾翻等動作，不管是主動跌還是被動跌必須掌握兩個原則，一是跌倒的方法必須不傷自身，二是跌倒後要能迅速站起，繼續格鬥。可見跌法是一種自我保護的重要方法。

（十六）閉：閉是閉穴

閉是一種防守的手法，主要是防備別人點我穴位。在擒拿中，我可拿他人之穴以傷其人，他人也必以此法傷我，當對方點拿我穴時，我必須馬上運氣，氣沉丹田而運於周身，以閉穴位之門。這樣對方點拿我穴則可無效。

（十七）攔：攔是阻截對方的進攻

攔是一種防攻結合的手法。攔一般用手。攔中有打，打的方法有蓋打、橫打、劈打。攔的動作要快，打的動作要有力。《擒拿與解法》中有翻身攔腳等法。

（十八）刁：刁是插眼、插喉

刁是一種進攻的手法。手型有刁和插兩種。刁是五指尖併攏如勾手（見圖 A24），手掌向下。插是以五指伸直插（見圖 A25），或二指插。刁和二指插用於擊眼（見圖 A26），四指插用於插腰插喉（見圖 A27）。刁和插要求動作快，往往出其不意發起攻擊，同時要求準狠。刁的方法非

圖 A24　刁

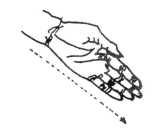

圖 A25　五指插

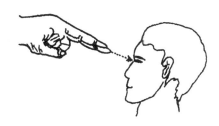

圖 A26　二指插

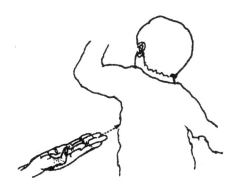

圖 A27　四指插

常厲害，而且攻擊對方的要害部位，在擒拿中一般不大用此法，而一旦施法必須有十分把握，一擊必中，使對方失去進攻能力。《擒拿與解法》中有二龍點睛之法。

擒拿法歌曰：

「擒拿法，有十八，十八學會有人誇。任你來，任你打，我用擒拿把你抓。抓到手，把你拿。拿住穴道使你趴。拿夷穴，淚如麻；拿笑穴，笑哈哈，不哭不笑功白花。基本功，龍腿胯，練好本領好擒拿。」

基本功鍛鍊法

學擒拿要先練基本功，沒有紮實的基本功，手無力，腿無功，即使眼明手快動作熟練，拿穴準確也是無用的。雖然練基本功非常枯燥，而又很苦，初學者往往不重視基本功的訓練，興趣全在學動作上，這種想法是錯誤的，只有經過一個時期的學習，才會認識基本功的重要，而轉過來學基本功。當然，也不是不讓初學者只練基本功而不學擒拿動作，只是要求習練者不要忽視基本功的訓練。

各種拳術都有不同的基本功，即使是一種拳的不同派別，其基本功的訓練也不一樣。擒拿的基本功訓練有其獨特的方式，各種訓練法能得到不同的目的。下面介紹主要的幾種方法：

（一）馬步站樁法

1.立正預備勢站立（圖 A28①）。

2.左腳向左橫跨一步，左腳至右腳內側的橫向距離約為本人腳長的三倍。屈膝半蹲成馬步。兩臂微屈提起，平舉於胸前，掌

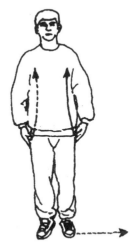

圖 A28①　　馬步站樁

圖 A28② 馬步站樁（正面）

心朝下，十指相對，目視正前方（圖 A28②正、側）。

【要領說明】

身要直，人要靜，呼吸要勻、要慢，氣入丹田，隨後運之全身。練時，展髖裏膝，腳跟向外蹬，腳尖正對前方，膝部不過腳尖，大腿接近水平，全腳掌著地，身體重心落於兩腿之間。

初練者站樁時間不宜太長、太累，可站立 1～2 分鐘。久後逐漸增長所站時間，一般一次能站 5～30 分鐘。一天站樁兩次長功快。運氣時要意隨氣至。本書後面凡出現馬步功法者，步型要求均按此要領。詳見《氣功療法、點穴與救傷》一書。

圖 A28② 馬步站樁（側面）

（二）插砂功

1. 兩腿分開屈膝蹲成馬步，位於盛有小鐵砂的木箱後面。兩肘屈起，兩掌心朝前，掌指向下，成倒掌收於兩肋旁，手指併攏，目視木箱（圖 A29①正、側）。

2. 步法不變，左掌不動。右臂內旋，使掌心向左掌指朝下插入砂中，目視右掌（圖 A29②正、側）。

3. 將右掌收回右肋側，掌心朝前，掌指朝下。同時，左臂內旋使左掌心向右掌指朝下插入砂中，目視左掌（圖 A29③正、側）。

【要領說明】

步型要求與前馬步同。本功法可左右交替反覆練之。久練此功對刁、插、點等手法大有益處。

圖 A29① 插砂功（正）

圖 A29① 插砂功（右側）

圖 A29② 插砂功（正）

圖 A29② 插砂功（右側）

圖 A29③　插砂功（正）

圖 A29③　插砂功（右側）

（三）抓鐵錐

1. 兩腿屈膝蹲成馬步。右手由身前抓握地下鐵錐，目視右手（圖 A30①）。

2. 右手將鐵錐提起，位於胸前，目視右手（圖 A30②）。

3. 右手指全張開使鐵錐向下墜落，在接近地面之前，左手迅速掌心向下，至身前下方抓住鐵錐，使其不落入地面，目視左手（圖 A30③）。

4. 左手將鐵錐提至胸前，右手下落至右下方，目視左手（圖 A30④）。

5. 左手指全張開，使鐵錐向下墜落，在接近地面之前，右手掌心朝下，迅速抓握鐵錐。如此，左右手反覆交替練之。目視右掌（圖 A30⑤）。

圖 A30①　抓鐵錐

【要領說明】

馬步蹲法與前同。鐵錐可選用廢鐵用翻砂法做成。或用
水泥製成錐形。此功久練可長指力、握力，利於抓擒之法。

圖 A30② 抓鐵錐

圖 A30③ 抓鐵錐

圖 A30④　抓鐵錐

圖 A30⑤　抓鐵錐

（四）推磚法

1. 兩腳開立，屈膝蹲成馬步。雙手各握一磚，拇指在上，餘四指在下，屈肘收於兩肋旁。目視正前方（圖 A31①）。

2. 左手不動，步型不變。右手握磚向前伸出，手臂伸直，磚高與肩平。目視右磚（圖 A31②正、側）。

3. 馬步不變。右手磚收回右肋處，手心仍朝上。同時，左手握磚向前伸出，手臂伸直，磚高與肩平。目視左磚（圖 A31③正、側）。

【要領說明】

步型要求與前同。推磚應左右手反覆交替前推或後收。初練時兩手各握一磚，待功力增強後，可再各加一磚於兩手

圖 A31①　推磚法

之中，逐漸加大運動量。推磚時手臂要直，先緩慢前推，以後再用力前推。此練此功可增長臂力，有利於扣法。

圖 A31② 推磚法（正）

圖 A31② 推磚法（右側）

圖A31③　推磚法（正）

圖A31③　推磚法（右側）

（五）撐小棒

1. 用一根小棒，棒中間用繩吊磚若干塊或其他相等重量的器具。兩腳開立，蹲成馬步。雙手向前伸直，掌心朝下高與肩平，虎口相對握住小棒。所吊之磚靠近地面（圖 A32①正、側）。

2. 馬步不變。雙臂仍然伸直，雙手將棒捲動，使繩將所吊之磚絞起，與上面的棒相近（圖 A32②）。

3. 步型不變。雙臂依舊伸直。雙手將上絞之磚以反方向捲再緩慢放下，接近地面時停下。莫使磚物觸地（圖 A32③）。

【要領說明】

步型蹲法與前同，惟兩臂盡量莫使其彎曲，不管上絞或

圖 A32①　撐小棒（正）

下捲放落，動作均須緩慢進行，切勿加速。練時，反覆上絞，下放有如水井絞井繩相似。初練可用一塊磚，根據功力增長程度，磚也逐步增加，久練此功可增長臂力、腕力，有利於搬法。

圖A32① 撐小棒（右側）

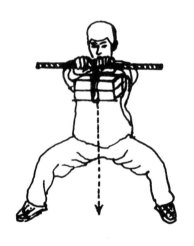

圖A32② 撐小棒

圖 A32③　撐小棒

（六）打砂袋

　　將細帆布縫成袋狀，外縫幾條布帶，以增強垂吊之力。袋中灌以黃砂，多摻些木屑拌勻，這樣砂子才不易沉於袋底，也不易傷手。袋中裝砂的重量可量力而定，初時約 25 公斤左右，以後再逐漸添加。砂袋懸於（用木料或毛竹搭成的）支架上。以練者站立時，袋頂略高於肩，袋底不低於膝為宜。砂袋可練拳、練掌、練肘、練腿，也可升高砂袋練頭擊之功。本文所介紹乃練拳之法。

　　1.練功者馬步蹲站，距懸掛之砂袋約為本人一臂之遠。兩臂屈肘，兩手抱拳收於兩腰側，拳心朝上，目視砂袋（圖 A33①正、側）。

　　2.左拳不動，右臂內旋，使右拳心朝下，拳面朝前，對

準砂袋沖拳擊打。目視右拳（圖A33②正、側）。

3.右拳擊打後稍停，使砂袋向後蕩出（若砂袋裝砂過重不會蕩出）（圖A33③右側）。

4.砂袋再反向身前回蕩之時，有慣性力量，所以，在砂袋回蕩位置超過垂直線時，再迅速將右臂外旋，使右拳仍收抱於右腰側，同時，右臂內旋，使左拳心朝下，拳面朝前，對準砂袋沖拳擊打，目視左拳（圖A33④正、側）。

5.左拳擊打後稍停，使砂袋向後蕩出，蕩回身前時再收回左拳沖右拳擊打（圖A33⑤右側）。

6.然後等砂袋再返蕩回身前時再收回左拳用右拳擊打。如此左右反覆按圖A33①～⑤方法練之。

【要領說明】

馬步蹲法要求同前。沖拳應左右輪換，初練不可用蠻

圖A33① 打砂袋（正）

力，先輕輕擊打，待拳頭久練能適應後出拳要有力、銳不可當。

圖 A33① 打砂袋（右側）

圖 A33② 打砂袋（正）

圖A33② 打砂袋（右側）

圖A33③ 打砂袋（右側）

圖 A33④　打砂袋（正）

圖 A33④　打砂袋（右側）

圖 A33⑤　打砂袋（右側）

（七）踢椿功

在地下埋一根木椿，或利用樹幹、樹椿，也可用前功法中所介紹的吊砂袋。練者以用腳踢、踹、蹬、鏟為主。下面介紹部分練法。

1. 蹬腿練法

（1）立正勢面對樹椿站立（圖 A34①）。

（2）兩臂屈肘，雙手虎口張開，拇指在後，餘四指在前，插於兩腰側。左腿微屈，將右腿抬起，腳尖朝前，腳底朝下，準備向前蹬腿（圖 A34②）。

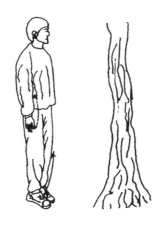

圖 A34① 蹬腿

圖 A34② 蹬腿

（3）兩手與左腿不變。右腳尖腳翹起，以腳底向樹椿蹬踢（圖A34③）。待右腳落步後與左腿交換蹬踢練之，蹬法與上圖同，惟左右相反而已。

2. 側踹腿法

（1）練者面向南雙手插腰併步站立。距側面樹幹約一腿之長（圖A35①）。

（2）右腳由左腿前向左蓋步，腳尖外撇，目視樹幹（圖A35②）。

（3）右腿不動。左腿提起，上體微右傾，用腳底對準樹幹蹬踹，高約與肩齊（圖A35③）。

此腿法也須左右交替練之。若腳底朝下，用腳的外沿（外側）用力，則為鏟腿。

圖A34③　蹬腿

圖 A35① 側踹腿

圖 A35② 側踹腿

圖 A35③　側踹腿

3. 連環腿

（1）面對樹幹立正勢站好，距樹幹約兩步之遠（圖 A36①）。

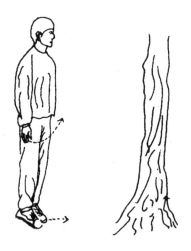

圖 A36①　連環腿

（2）左腳向前邁一步，同時，右手位於右腹前，左手盤於體左側下方（圖36②）。

（3）身體重心前移至左腿，微屈，右腿屈膝提起，勾腳尖，右手下落至右胯後，左手向左上方揚起（圖 A36③）。

（4）左腳尖外展，身體翻身向左，並向左傾斜，左臂微屈，隨轉身之勢位於體前左側，掌心朝外。右臂位天右側身後變勾手，勾尖朝後。同時，右腿由右向上、向左，用腳尖斜對樹幹踢去，右腿伸直，左腿微屈，目視右腳所踢目標（圖 A36④）。

（5）左腳跟內轉，繼續向左轉體翻身，俯身朝下，右臂順勢下落於右側勾手變掌，左手下落位於左側下方。同時，右腿向左、向下，左腳下落於右腳右旁（圖 A36⑤）。

圖 A36②　連環腿

圖 A36③　　連環腿

圖 A36④　　連環腿

（6）身體繼續向左翻轉，利用上動左翻身之慣性力量，猛抬左腿，用腳跟對準樹幹反踢，目視腳跟所踢目標（圖 A36⑥）。

圖 A36⑤　連環腿

圖 A36⑥　連環腿

（7）右腳跟外碾，身體繼續左轉翻身並直起。左腳落步、左腳位於右腳內側，兩臂下落收於兩胯側（圖 A36⑦）。

此腿法也可左右交替練之。

【要領說明】

踢樁功主要是練腿、腳之力。多以腳底、腳的跟掌為主，不要用腳趾，因腳趾關節力量很弱，受到大的阻力後，趾骨很容易受傷。本文中連環腿裡的第一腿用的其實就是腳趾踢法，但此腿乃是虛腿，力在腿而不在腳，此一腿的作用主要是配合腰的翻身旋轉而加大慣性力量，為下一腿（腳跟）的發力，有著很大的效果。

幾種腿法均應左右交替而練，初練時不可用力太大、太

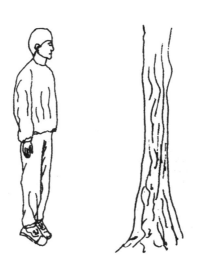

圖 A36⑦　連環腿

猛，若將腿腳練傷，反而事與願違，前功盡棄。必須經由很長一段時期刻苦鍛鍊，適應後方可逐步用力。

　　無論蹬腿，還是踢腿，都應注意身體重心的穩固，切莫只顧向外踢腿，疏忽支撐在地面上的腿，以免腿踢出時尚未著力，自己反而支撐不住，先摔倒於地，此類情況在練腿功時也是常見的。腿功久練必然功力大進，有利於鎖法。

（八）雙人纏腕

二人對練項目：

　　1.二人相對蹲成馬步，相距兩步左右。甲乙二人同時，各出左手或右手由對方外側向裡，兩手相交在手腕處，目視雙方交叉之手（圖 A37①）。

圖 A37①　雙纏腕

圖 A37② 雙纏腕

2.甲乙二人同時，各自將己手以腕為軸向外旋，然後掌心朝下，虎口朝前抓住對方手臂向下壓。然後將手鬆開，再以另一手纏抓對方。如此反覆交替練之，目隨手轉（圖 A37②）。

【要領說明】

步型要求與前同。此功法既練腕力也能練下盤腿力。初練時手腕處有脹痛感，久練後即癒，此功有利於纏法。

（九）壓　腕

二人對練項目：

1.甲乙二人均蹲成左或右弓步，先以左弓步為例。甲右手握拳屈肘收抱於右腰側，拳心朝上。左手為掌，掌心朝下，手指朝前，前伸至乙腹前，目視左手。

乙左手握拳屈肘收抱於左腰側，右手為掌，掌心朝下，虎口朝前，前伸至甲左手背上面、抓壓甲左手腕，目視右掌（圖 A38①）。

　　2. 甲左掌用力向上抬。乙右掌往下壓。甲左掌上抬至肩平（圖 A38②）。

　　3. 甲左掌以腕為軸由乙右掌下向右、向上、向左繞腕然後反壓乙右手腕。在甲用力下壓之際，乙右手極力頂住（圖 A38③）。

　　4. 甲繼續將乙右手下壓至乙右下腹前（圖 A38④）。

　　5. 乙右手用力向上抬。甲左掌向下壓。乙右手上抬至與肩平（圖 A38⑤）。

圖 A38①　壓腕

圖 A38② 壓腕

圖 A38③ 壓腕

6. 乙右掌以腕為軸由甲左掌下向右、向上、向左繞腕，然後虎口朝前再反壓甲左手腕。在乙用力下壓之際，甲左手極力頂住（圖 A38⑥）。

圖 A38④　壓腕

圖 A38⑤　壓腕

7.乙繼續將甲左手下壓至己右下腹前，恢復如第一動之勢（圖 A38⑦）。

接著再按第①～⑥圖動作反覆練之。

圖 A38⑥ 壓腕

圖 A38⑦ 壓腕

【要領說明】

弓步要求膝關節盡量與腳尖垂直，向下壓手時，另一方向上極力頂住，目的是增加下壓的阻力，使下壓之速緩慢運行。切莫強硬相頂。雙方堅持練一會兒，手酸後再換另一手練。也可再換成右弓步練習。此功久練可長臂力、腕力，有利於壓法。

（十）雙抓腕

二人對練項目：

1. 甲乙二人各自左弓步相對而站，乙雙手掌心朝下，手指朝前下方，前伸至甲腹前，然後用力向上抬，目視兩手。

甲雙手掌心朝下，虎口朝前行於腹前緊握住乙之雙手腕，用力向下壓，目視兩手（圖A39①）。

2. 甲下壓之力微鬆。乙雙手繼續上抬至甲胸前，雙臂用力伸直並向後用力，以待後拉。甲雙臂稍屈肘，向自己身邊用力，雙方均目視雙手（圖A39②）。

圖A39①　雙抓腕

3.甲後拉之力微鬆，乙雙手收拉至己胸前屈肘，並向下用力，以待下壓。目視兩手。甲雙手仍緊握乙之雙腕，並用力向上提住雙臂伸直，目視雙手（圖A39③）。

圖A39②　雙抓腕

圖A39③　雙抓腕

4. 甲雙手上提之勁微鬆，隨即乙雙手向下沉，雙手位於腹前，兩臂肘微屈，並用力向前，以待向甲腹前移動，目視雙手。甲兩臂伸直雙手撐住，以增加乙雙手向前移的阻力，目視雙手（圖 A39④）。

5. 甲前撐之力微鬆。乙雙掌用力前移至甲腹前兩臂伸直，並向上用力，以待向上抬臂。甲雙手至己腹前，兩臂微屈，兩掌向下用力，以給乙雙手向上抬施以阻力（圖 A39⑤）。

接著按第②圖～第⑤圖動作反覆練之。

【要領說明】

一方雙手臂上下前後運勁移動，另一方雙手搭在上面，向反方向用力，主要是增加對方的運動負荷量，但所用之力必須比對方輕些，而且施力均勻，以對方運行為主。運動時雙方均目視雙手。甲乙二人可對換練習，此功久練能增加腕力，便於拿穴。

圖 A39④　雙抓腕

圖 A39⑤　雙抓腕

三十六把擒拿法動作要領

（一）動作名稱

（一）甲乙立正預備勢

（二）開勢

（三）沖拳擒腕

（四）小金絲纏腕

（五）大金絲纏腕

（六）提臂拿

（七）左右捲臂拿

（八）拿腕切頸法

（九）退步拿指法

（十）拿腕法

（十一）對翻身

（十二）白馬捲蹄

（十三）懷中鎖拿

（十四）點眉心法

（十五）左右展拿法

（十六）提肘按頭法

（十七）轉身肩靠法

（十八）擰拿麻筋法

（十九）轉身擰拿脈

（二十）小腿麻筋法

（二十一）提臂點拿法

（二十二）反拿掌背法

（二十三）鎖腿點脊法

（二十四）退步點笑穴

（二十五）仰身拿脈穴

（二十六）頭抵肩胛穴

（二十七）左臂挺滾法

（二十八）臂拿肩井

（二十九）托肘麻筋法

（三十）封喉點腮法

（三十一）夾脖扳頭法

（三十二）掰掌踹腿法

（三十三）拿腕法

（三十四）反拿腕法

（三十五）壓鼻法

（三十六）反拿手掌法

（三十七）挺滾法　　　　　　（三十九）收勢
（三十八）臂法

（二）看圖須知

1. 穿深色練功服者為甲，穿淺色練功服者為乙。

2. 插圖面對方向，前方為南、右方為西、左方為東、背後為北。凡有正面圖示不易看清者，則另加側面附圖。

3. 左手、右腳下——動作的行動路線用實線表示；右手、左腳下——動作的行動路線用虛線表示。

4. 凡二人對練的行動路線，甲雙手用虛線、雙腳用實線表示。乙雙手用實線、雙腳用虛線表示。

5. 第四節中所用示意虛線表示該手法應行動的方向。

三十六把擒拿法動作圖解

（一）甲乙立正預備勢

【動作分解】

　　甲面向南，乙面向北，兩人側面相對站立，中間距離約四至六步，立正做好預備勢（圖 B1）。

【要領說明】

　　頭須端正，下頦內收，挺胸，直腰，沉肩，兩肘自然微屈，並向身前微微牽引，神情安靜，內慮全消，氣沉丹田，精神貫注，做好準備。

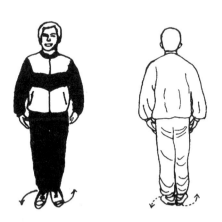

圖 B1　甲乙立正預備勢

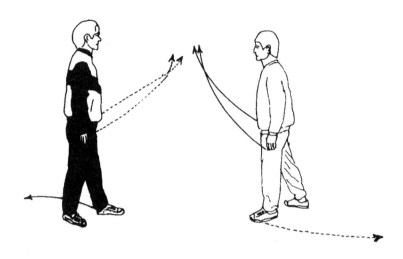

圖 B2① 甲乙同時左轉身 開勢

（二）開勢

【動作分解】

1. 甲乙同時左轉身

甲乙同時左腳尖外撇，右腳跟外展，身體向左轉90°，目視對方（圖 B2①）。

2. 甲乙同時弓步雙推掌

甲乙同時左腿均向後撤一步成右弓步，同時兩掌由兩側向胸前左裡右外交叉前舉做十字雙推掌動作，肘微屈掌指均朝上，小指一側均朝前，目視對方（圖 B2②）。

圖 B2② 甲乙弓步雙推掌 開勢

3. 甲乙提膝雙勾手

甲乙同時身體重心前移,將左膝提起,腳尖下垂,小腿內扣,右腿微屈,成獨立勢。同時雙掌由前,五指撮攏變為勾手,經兩腿外側向身後反臂斜下舉,勾尖朝上,目視前方(圖 B2③)。

4. 甲乙併步雙勾手

承上勢,甲乙同時以左腳先向前落地,接著向前方上一步,腳尖外撇,然後體向右轉 90°,左腳向右腳內側併步靠攏,成立正姿勢,手型仍為勾手在身後不變。此時甲方面朝正南,乙方背面朝南,雙方均目視左方(圖 B2④)。

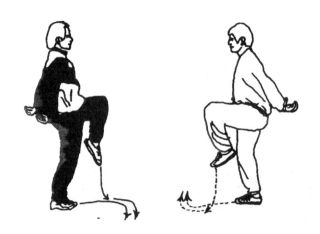

圖 B2③　甲乙提左膝雙勾手　開勢

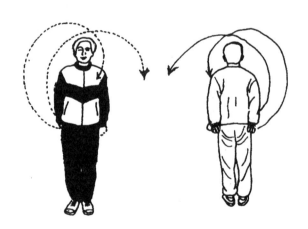

圖 B2④　甲乙併步雙勾手　開勢

5. 甲乙雙擺掌

承上勢，甲乙同時勾手，經兩腿側繞向身前，變為雙掌，一齊由下向右、向上、向左下繞環至與肩平，掌指朝上，掌口向左，左臂伸直，右臂屈肘，右掌位於左肩前，掌心朝後，目視左掌（圖B2⑤）。

6. 甲乙虛步架掌

承上勢，甲乙同時向左轉體90°，右腳向後撤一步成左虛步，同時右掌前伸，與左手兩腕交叉，右掌在上，左掌在下，兩掌稍下沉，手指高與胸齊，目視雙掌（圖B2⑥）。

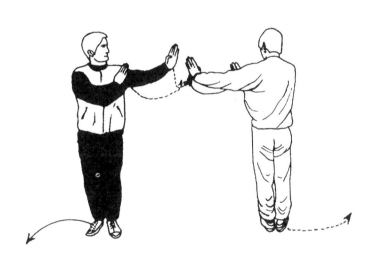

圖B2⑤　甲乙雙擺掌　開勢

圖 B2⑥　甲乙虛步架掌　開勢

7. 甲乙雙絞腕

承上勢，雙方步型不變，兩掌以腕關節為軸，右掌向上、向右、向下、向左；左掌向下、向左、向上、向右絞一腕花，目視雙掌（圖 B2⑦）。

8. 甲乙虛步勾手亮掌

承上勢，雙方雙掌同時向下、向左右兩側繞環分開，左掌變勾手，繞至左側，與肩同高，勾尖朝下；同時右掌繞至頭頂右前上方，掌心朝前，拇指一側朝下，目視對方（圖 B2⑧）。

【要領說明】

甲乙必須配合同時進行，動作一致。

①左轉身時，左腳應以腳跟為軸，左腳尖向外撇，右腳以前腳掌為軸，使腳跟外踲，這樣轉身後為左腳在前，右腳在後，重心在兩腿之間。

②左腳稍偏左落步，用力後撐，左腳尖向左前方斜45°，與右腳切莫成一條直線，重心在右腿。右腿前弓時，膝與腳尖垂直，腳尖正對前方，推掌時兩手腕必須緊貼在一起。

圖 B2⑦　甲乙雙絞腕　開勢

圖 B2⑧　甲乙虛步勾手亮掌　開勢

③提膝勾手時，五指一定要撮攏在一起，形成勾尖，支撐之腿微屈，以穩固重心，左小腿內扣，膝盡量上抬，如寒雞獨步一般。

④形成併步勾手前，左腿落地，與後面右腳上步轉體，左腳併步，必須一氣呵成，不可停頓。

⑤雙手繞環擺掌時，應以肩為軸，兩臂繞環時，目隨手轉，待繞至左側定勢時，目視左手。

⑥虛步架掌時，右掌前穿至左手腕上面，兩腕應貼緊，屈腕兩掌上翹 90°。

⑦絞腕時兩手腕貼緊不可分開。

⑧勾手亮掌時，虛步不變，仍以右腿支撐重心。

以上每一動作手法，不求做快，必須交待清楚，凡虛步，身體重心必須全部落在後腿，前面腿以前腳掌虛點地面，膝微屈並裡扣，腳跟稍抬起，不可用力。

（三）沖拳擒腕

【動作分解】

1. 承上勢，甲乙同時將右掌從頭前上方向右、向下，左勾手變掌向下與右掌同時變為雙抱拳，拳心向上，拳面朝前，虛步不變，目視對方（圖 B3①）。

2. 甲左腳向前半步，重心前移，成左弓步。同時右臂內旋，使拳眼朝上，向乙胸前沖擊，左拳變掌向下、向左、向上弧形繞環，架至頭左前上方。拇指一側朝下，掌心朝前，掌指朝右。乙見對方拳沖來，速將左腿也向前上半步，重心前移，成左弓步，同時，右拳變掌，手臂內旋，向前將甲手

腕拿住，用手指緊扣甲側橈骨遠側外端，使甲腕部痛不能忍。左拳變掌向左、向上繞至頭前左上方，拇指一側朝下，掌心朝前，掌指向右（圖 B3②）。

圖 B3①　沖拳擒腕

圖 B3②　沖拳擒腕

甲乙二人必須配合好，乙見甲右拳至，即上步出掌拿住其腕，切不可搶在甲動作之前先出手。用力應掌握尺度，不要太重，注意對方安全，要考慮雙方是在習練，待久練功成，對付歹徒時方可施重手法。弓步必須到位，後撐之腿必須有力。

（四）小金絲纏腕

【動作分解】

承上勢，當甲被乙用右手擒腕時，速用左手將乙右手背扣住，同時，右手掌向左、向上、向右翻在乙之右手上，將乙右手帶至懷內，右腳尖外展，下蹲成左仆步，用力向下拿壓乙之右手。目視對方。此時，乙右腳向前，在甲左腿前落步，右腳跟內蹓成右仆步，左掌伸於左側，約與肩同高，目視右手（圖 B4）。

圖 B4　小金絲纏腕

仆步時一腿全蹲，另一腿鋪直，腳尖內扣。這裡所說的用力下壓，是指實用時的術語。在對練中，應注意不傷害對方。

（五）大金絲纏腕

【動作分解】

承上勢，乙順甲動作，身體直起，右腳尖外展，重心移至右腿成右斜弓步，用左手反扣在甲之左手背上，並用右肘反壓甲之左前臂，此為反拿法也，目視右肘（圖B5）。

【要領說明】

應緊接上一勢動作進行，乙變成斜弓步時，右前臂一定要緊貼著甲左前臂上面往下壓，不可有空隙，使對方無法滑脫。

圖 B5　大金絲纏腕

（六）提臂拿

【動作分解】

承上勢，當乙用上法時，甲左腳收回半步，身體直起，左腳虛點地面，隨用左肘反壓乙右肘，右手拿住乙之右手指向上提拿，左手仍搭住乙右手背上，目視右手。此時，乙身體稍起，重心偏向左腿，成右仆步，左臂抽出，自然擺向體左側，目視右手（圖B6）。

【要領說明】

甲起身將乙右臂上提之時，乙應隨勢手臂放鬆，切莫硬頂住而有礙對練動作的進行。

圖B6　提臂拿

（七）左右捲臂拿

【動作分解】

承上勢，當甲使提臂法時，乙右腳尖外展隨勢站起，重心右移，成右弓步，用左手拿住甲之左手，用右手拿住甲之右手，並將甲兩臂左上右下交叉纏捲，目視對方（圖B7）。

【要領說明】

纏捲時，乙兩手要用力抓握住對方雙手，右手向上抬，左手向下壓，同時也向兩側用力。

圖B7　左右捲臂拿

（八）拿腕切頸法

【動作分解】

甲以左前腳掌為軸從乙右側向右轉體180°，右腿撤步，面向西成左弓步。同時，用右手拿住乙左手指，向身內纏拿，左臂向左方伸挺，掌心朝上橫切頸部，目視對方。

乙在甲轉體拿腕時隨勢左腿向前上一大步，以右前腳掌為軸也向右轉體180°，面向正東方向，右臂鬆開自然下垂（圖B8）。

【要領說明】

甲轉身時，右手必須從乙右手中猛力掙脫反拿住乙左手背，轉身後左掌切頸位置要準，要有力。乙的轉身繞步，應配合甲的轉身同時完成。

圖 B8　拿腕切頸法

（九）退步拿指法

【動作分解】

承上勢，乙右腿向身後撤一大步，成左弓步，擒住甲左手食指或小指末節處。將甲之左手掌向上翻轉撑拿，使甲不能忍受，右臂繞向左後方，掌心向下，目視左手。與此同時，甲身體向右轉（朝北），右臂繞向右側，掌心朝下，目視左手（圖 B9）。

【要領說明】

乙在撤步的同時，左手從甲右手中掙脫速拿住甲之左手手指。左手動作必須迅速有力，拿指要準。

圖 B9　退步拿指法

（十）拿腕法

【動作分解】

當乙用上勢時，甲盡鬆左手，隨即身體直起，右腳上一步，同時，以右手掌心朝上，虎口向右，擒拿乙之左腕向上、向外擰轉。此時乙左腿後收，身體直起，右手稍下落（圖B10）。

【要領說明】

甲右手拿乙左腕要用力向外擰轉，迫使乙將己左手指鬆脫。

圖B10　拿腕法

（十一）對翻身

【動作分解】

　　當甲用力擒拿乙之左腕時，乙由於痛不能忍立即左手鬆開，左手指並以腕力向上、向右、向下，再向左上內旋翻轉，拇指一側朝下，掌心朝左。同時，身體也左轉內翻，右腿往右前方（南）上一步，成右斜弓步，右臂隨體轉之勢，仍位於體右側下方，目視左手。

　　此時，甲被逼也順勢右轉向內翻身。同時左腿往左前方（南）上一步，成左斜弓步，左手隨體轉之勢，向下、向左弧形繞環至體左側，右手隨乙左臂同時內旋翻至右側上仍能拿住乙之左腕向外擰，目視右手（圖 B11）。

圖 B11　對翻身

圖 B12　白馬捲蹄（正）

【要領說明】

乙左臂內旋翻轉要用力帶動甲右手一齊翻轉。甲右腿往左前方上步，與乙上右步必須同時進行。

（十二）白馬捲蹄

【動作分解】

乙被甲拿住左手後，速將右腿向左前方移步，位於甲右腳內側，用右手拿住甲之右手食指或小指末節處，使甲右手臂成為 V 形，並使甲肘尖置於乙右肘內固定住，用力將甲手指向下彎拿，使甲腕向下彎成 90°，同時，用左手按住甲之右肘外側勿使逃脫，目視右手。此時，甲左腿也提起，稍向右後移，身體重心稍偏於右腿，左臂順勢下落，目視右手（圖 B12 正、反）。

圖 B12　白馬捲蹄（反）

【要領說明】

乙右手拿甲右手一手指，迫使對方其餘四指必鬆，再加上左手按住甲右肘，其臂定難逃脫，無法使勁，對方指骨必折也。演練時務必留神，點到為止。

（十三）懷中鎖拿

【動作分解】

1.當甲被乙用上法拿，左手速向上，用大拇指按壓於乙之右手無名指及小指當中經絡處（手少陰三焦經），目視左手（圖 B13①）。

2.甲左腿稍向左後撤步，身體左轉，將乙右手帶至懷中，拿其小指向上、向外翻擰，同時，右肘壓乙右前臂，即可擊敗對方，目視左手。

此時乙順勢左腿從甲右腿外側向前上一步，體向右轉，右臂下鬆，左臂擺向左側，目視右手（圖 B13②）。

圖 B13①　懷中鎖拿

圖 B13②　懷中鎖拿

（十四）點眉心法

【動作分解】

承上勢，乙速將右手繼續下鬆，並用左手中指點住甲之眉心（印堂穴）將甲頭向後扳動，用下鬆和後扳之法，即可使甲失去鎖拿機會，由被動變為主動，目視左手（圖B14）。

【要領說明】

乙必須先放鬆被拿之手，再用左手點甲「眉心」。位置要準，速度要快。

圖B14　點眉心法

（十五）左右展拿法

【動作分解】

當甲被乙點拿「眉心」時，速用左手向上反拿點己「眉心」之敵掌，將其小指向外擰轉；同時，右手向後伸展，上身向右後仰靠，則使乙失去制拿之力矣（圖 B15）。

【要領說明】

甲左後拿乙小指，主要是破其點法，若拿不準小指，拿到其他任何一指也行。上身向右後仰靠，可使乙站立不穩失去重心。但切不可過於後仰，必須保持自己不失去重心。

圖 B15　左右展拿法

（十六）提肘按頭法

【動作分解】

當甲用上法時，乙即速將左手由左向右至身前，彎轉到甲之頭後頸處，用內勁向下按壓，右手先內旋從甲右臂下翻轉至上面，再掌心朝下，虎口向左，抓握甲之右腕，然後右臂外旋，用力向上提起，並用右肘尖抵點甲之脊背（靈臺穴），右腿稍弓，目視右肘（圖B16）。

【要領說明】

乙提肘和按頭的手法同時進行，右肘點穴要狠，使對方無反抗之力。

圖 B16　提肘按頭法

（十七）轉身肩靠法

【動作分解】

當乙用上法時，甲速以左手反拿住乙左手小指，經頭上方繞至右肩外側，同時，右臂順勢內轉，並急向左轉體，以左肩靠打乙之上身部位，即可將其擊敗（圖 B17）。

【要領說明】

甲左手反拿乙之左手指，從頭頂繞至右肩，能化解上法，左肩後靠可使乙力不從心，但不必過度後靠，以免反使自己失去重心，只要能破對方之法便可以了。

圖 B17　轉身肩靠法

（十八）擰拿麻筋法

【動作分解】

當甲用上法時，乙即用右手握緊甲右掌，擰提其右臂並用左手拿住甲方上臂後部麻筋上，使甲全臂發生麻痛，目視左掌，此時，甲之左腳向前上半步，左臂自然下垂於左前下方（圖B18）。

【要領說明】

乙右手反拿甲右臂擰提要快，以破其上法。左手拿麻筋位置要準，手指用力掐緊，使對方無力動彈。

圖B18 擰拿麻筋法

（十九）轉身撐拿脈

【動作分解】

當乙用麻筋法時，甲右手的全部經絡放鬆，右臂外旋，隨即右轉身往乙的右側後方連上三步（朝南），先上左步，再上右步，最後一步將左腳在繼續右轉體的同時繞至乙的右腿後面伸直，左腿微弓，用右手鎖扣乙之右手腕向上提拿。同時，用左手壓握乙之右手腕橫紋下面，必傷其脈，使其難以鬆脫。制破乙之手技，使其被動。目視雙手。此時乙順勢左腿稍下蹲，重心偏於左腿，左臂擺於左側，目視右手（圖B19①②③）。

【要領說明】

甲繞步向乙右後方的三步，必須連貫進行。拿脈時，右

圖 B19①　轉身撐拿脈

手提拿對方右手掌時，左手務必將對方手腕壓住，使其失去
反抗之力。

圖 B19② 轉身擰拿脈

圖 B19③ 轉身擰拿脈

（二十）小腿麻筋法

【動作分解】

當甲用上法時，乙盡量鬆弛右手，運用內勁集中於左手四指上，拇指在上、虎口向右。拿甲左小腿——足太陽和足少陰經的外端，使甲之小腿發生酸麻，使其產生筋麻的同時，右臀部必須坐壓在甲之左腿上，以加重點拿之勁，而反使甲處於被動狀態，目視左手（圖 B20）。

【要領說明】

乙應先放鬆右臂，身軀方可稍右移，馬上用左手用力拿捏對方左小腿，使其產生筋麻。右臀同時猛力坐壓，必能化解上法。

圖 B20　小腿麻筋法

（二十一）提臂點拿法

【動作分解】

當乙用上法時，甲速用左手伸至乙頭後部，以大拇指點按乙之右耳下「翳風穴」，中指按於「風池穴」，同時，右手握乙右掌指，將乙之右臂向上提起，這樣便可因勢制服乙（圖 B21）。

【要領說明】

甲左手應用力點按乙頭後之穴，趁乙向左閃身躲避之際，右手立即將對方右掌向上提起，方可破「麻筋」之法。

圖 B21　提臂點拿法

（二十二）反拿掌背法

【動作分解】

承上式，當甲使用上技時，乙用左手大拇指反拿甲左手「中渚穴」，並用中、食指拿住虎口部位，向外翻擰至左肩後，同時，身體直起，右手臂向甲上身頭部挺滾，將全身重量向右靠攏，使甲失去重心。此時，甲、乙均面向正南（圖B22）。

【要領說明】

乙左手反拿甲左掌必須迅速外翻擰轉，身體快速直起後靠與右臂挺滾必須同時進行。注意後靠時站穩，自己不可失去重心。

圖 B22　反拿掌背法

（二十三）鎖腿點脊法

【動作分解】

甲速將右手臂內旋，擰拿乙之右手，使乙反拿之力鬆弛，隨將左臂彎曲用肘尖點壓乙的脊背「靈臺穴」，同時，用右腿鎖扣乙之右小腿，使乙完全失去自主能力（圖B23）。

【要領說明】

甲右手反拿乙右掌內旋翻擰與右腿鎖扣必須同時進行，使對方失去後靠之力，而破其上法。再用左肘點脊，手法施重，則對方必敗無疑。

圖 B23　鎖腿點脊法

（二十四）退步點「笑穴」

【動作分解】

1.乙速將上體向下、向左轉身，以左腳掌為軸，使右腿稍提起，隨轉體之勢向左繞至甲身後，同時，左手向左、向上掌心朝外，虎口朝右擒住甲之左手腕。右手從甲手中掙脫，臂彎曲，虎口張開向上，掌心朝前，隨轉體之勢收至右肋前，目視對方腰部（圖B24①正、右側）。

2.乙以右腳前腳掌為軸，抬左腿隨身體繼續左轉繞向甲身後（北）落步，成右弓步。同時，左手將甲之左手微向上、向左後提拉。右掌速向前，以大拇指點甲之腰部「笑穴」（相當於經外奇穴的肋頭穴位下面，在陰維脈範疇之內，陰維脈連絡著手太陰和少陰心經，所云：「心氣盈則笑，肺氣鬱則哭。」於下是「哭穴」），用此技不但能制服

圖 B24①　退步點穴（正）

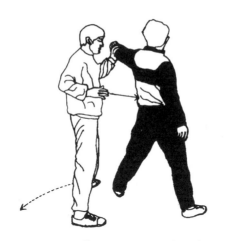

圖 B24① 退步點穴（側）

敵人，而且可使敵人大笑不止（圖 B24②右側、左側）。

【要領說明】

1.乙身體必須放鬆，用力掙脫右手，繞腿急向左轉，大

圖 B24② 退步點笑穴（右側）

圖 B24② 退步點笑穴（左側）

可化解甲之點脊之危。

2.乙退步後立即出手對準對方「笑穴」點去，同時，左手將甲左臂後拉上提，使其無法逃脫。

（二十五）仰身拿「脈穴」

【動作分解】

當乙用上法時，甲將右手由前下向身後，使拇指在上，食、中、無三指在下，點拿乙之右手脈部「寸關」部，同時，向後仰身（約45°），使乙右腕被壓而失去前點拿之力（圖 B25 右側）。此時，正面斜向東南。

【要領說明】

甲上體後仰時，必須用右手固定住乙右手腕部，使其折腕受壓，而化解前危。

圖 B25　仰身拿脈穴（右側）

（二十六）頭抵「肩胛穴」

【動作分解】

甲用上法時，乙用頭抵住甲左「肩胛骨」穴位上（相當
於「肩貞穴」），使甲不能仰身施技（圖 B26 正、左側）。

【要領說明】

乙頭抵對方「肩胛」必須用力，並微將身體直起，使對
方失去前折腕之力。

圖 B26　頭抵「肩胛穴」（正面）

圖 B26　頭抵「肩胛穴」（左側）

（二十七）左臂挺滾法

【動作分解】

當乙用上技時，甲左腿向右後繞撤半步，以增加貫力，急將身體左轉，左臂向左後方伸直，貼於乙前胸部朝後挺滾，即可化去乙頭抵之法（圖B27正面、背面）。

【要領說明】

甲左腿在向右後方繞步的同時，用力以左臂將乙向左後揮撥挺滾，使乙連連後退，站立不穩。揮臂要果斷，左臂要挺直。

圖B27　左臂挺滾法（正面）

圖 B27　左臂挺滾法（背面）

（二十八）臂拿「肩井」

【動作分解】

1.乙左腳由身後向右（西南）繞一大步，右腿向後撤半步，速將身體向右後方閃退，並用左手握拿甲之左手前臂，左手心朝下，虎口向右。右手臂彎曲，由上往下與甲之左臂成十字形，並向外下壓，使甲之手臂翻轉（圖 B28①正面、背面）。

2.乙左腳向後稍退，左手將甲左臂上提，以右手中、食指在前、拇指在後拿住甲「肩井穴」（圖 B28②正面、背面）。

【要領說明】

乙退右步可穩住重心，右前臂下壓，重則可斷對方之

圖 B28① 臂拿「肩井」（正面）

圖 B28① 臂拿「肩井」（背面）

肘。拿「肩井」穴時，位置要準確，手指要用勁。可使對方
肩臂酸脹無力。

圖 B28② 臂拿「肩井」（正面）

圖 B28① 臂拿「肩井」（背面）

（二十九）托肘麻筋法

【動作分解】

　　甲右腳由身前向左腳外側繞步，身體左轉，左腳隨後也向身後繞步，右腿微屈。左手掌以腕為軸向外旋轉，掌心朝下，虎口朝前反拿住乙左手腕部，右手中、食二指與拇指掐拿乙左上臂肱二頭肌和肱三頭肌筋的部位（相當於少陰心經「青靈穴」後上部），使乙感到全臂發麻（圖 B29）。

【要領說明】

　　甲轉身繞步與左手翻腕反拿乙左手腕必須同時進行，並用力抓握住對方手腕，將其臂提於胸前，迅速以右手指拿準乙左臂「麻筋」，使其左臂發麻無力而失去原右手拿穴之力。

圖 B29　托肘麻筋法

（三十）封喉點腮法

【動作分解】

當甲用上技時，乙速左轉身（向西），右腿向前上步靠近甲右腿內側，以膝跪壓甲之右腿以下部位，同時，右手由下向前、向上，小指一側朝前撥開甲右臂，左手掙脫，並用拇指、食指點拿甲之兩腮（即「大亞穴」下面），使甲失去點拿麻筋的力量，目視左手（圖 B30）。此時，甲左手自然下垂於體左側下方。

【要領說明】

乙轉身上步與右手撥開對方右臂應同時進行；再迅速掙脫左手點拿甲兩腮，使其被動。

圖 B30　封喉點腮法

（三十一）夾脖扳頭法

【動作分解】

當乙用上法時，甲急使左手由乙頭後，繞向乙的頭左側，右手向上繞至乙的頭右側，用雙手將乙頭向左擰轉，扳至自己胸前，使乙失去拿腮之力，目視乙頭部（圖B31）。此時，兩人位置面對東北方向。

【要領說明】

甲兩手扳乙頭部要貼緊自己胸前，使其無法避躲，重則可致頸椎骨斷，演練時須小心，注意手法得當。

圖B31　夾脖扳頭法

（三十二）掰掌踹腿法

【動作分解】

1. 甲用上法時，乙左腳向左後移步，速左轉身約 270°，右腳由身前繞至左腿外側落步。並用左手大拇指拿住甲左掌的小指上部背側，食指拿住虎口部位，隨轉身之勢向左、向下，掰至左腹前。右臂位於身體右側下方。同時，將左腿屈膝提起，右腿微屈（圖 B32①）。

2. 乙左手掰拿甲左手繼續向左、向上（約比頭高），右手順勢微向右側上方抬起，左腳猛向甲之左腿蹬踹，高不過膝（圖 B32②）。此時，乙面東南方。

【要領說明】

乙轉身繞步要快，轉身後被扳頭之勢必解。掰掌踹腿時

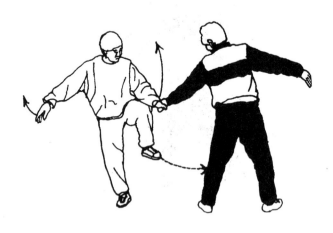

圖 B32①　掰掌踹腿法

圖 B32② 掰掌踹腿法

左手向左上方用力。左腿向左下方用力，使甲上下受挫，難以避讓。但右腿支撐地面要穩，用力要得當。

（三十三）拿腕法

【動作分解】

1. 甲左腿抬起稍向後移，避開乙之蹬腿之勢。乙左腿順勢收回下落於左側（圖 B33①）。

2. 甲以左前腳掌為軸，右腿抬起，從身前繞向左側落步，身體向左轉（背對乙）。同時，左臂內旋，先以掌心朝下，虎口朝前，左手拇指、食指拿住乙左手腕，乘轉身之勢，由頭上繞至左肩外側。右臂乘勢從左臂下向左穿繞，轉身後落於體右側，面向正南（圖 B33②）。

【要領說明】

1. 甲左腿避讓要快，遲則易被乙左腿踹傷。

2. 甲繞步轉身時左臂迅速內旋，翻掌拿緊乙左腕，將其手臂繞至左肩外側後，前掰掌之法自解也。

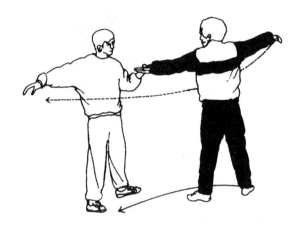

圖 B33①　拿腕法

圖 B33②　拿腕法

（三十四）反拿腕法

【動作分解】

當甲用上法時，乙隨即右腳從身前向左繞步落於甲左腿前，腳尖外撇。接著以右前腳掌為軸右轉身，左腳順勢向左繞向身後（東），右腿微弓。同時，右手隨轉身之勢向左、向上繞行，用大拇指壓住甲左掌心食指根部，其餘四指拿住手背，使甲腕部折向手背一側即破上法（圖 B34）。

【要領說明】

乙右手拿甲左手掌與繞步右轉身必須同時進行，拿重反折必傷其腕，練習時應注意拿折適度。

圖 B34　反拿腕法

（三十五）壓鼻法

【動作分解】

1. 當乙用上法時，甲左腳微後移，右腳向左前（東）上一步。同時，右手向上拿住乙右手腕，拇指在上，餘四指在下（圖 B35①）。

2. 甲身體右轉，左腿向前（東）上一步落於乙右腿後面，兩手緊拿乙雙手猛力向下拉至腹前，右腿稍弓，左腿伸直（圖 B35②）。

3. 甲雙手繼續下拉，右腿成斜弓步。左手鬆開向上，由前往後拇指一側朝下，用掌心按壓乙鼻部，使其鼻酸流淚（圖 B35③）。

【要領說明】

1. 甲上右步反拿乙右手腕，可解前被拿之危。

圖 B35①　壓鼻法

2.甲再從乙身後上左步將其雙手猛力拉至自己腹前，使其完全被動。

3.甲掙脫左手出其不意地以掌心掊壓乙鼻部，因鼻腔抵抗力薄弱，經受不起擊打，受擊後必然鼻酸淚流，重則會流血，痛不可忍。練習時點到為止。

圖 B35②　壓鼻法

圖 B35③　壓鼻法

（三十六）反拿手掌法

【動作分解】

當甲用上法時，乙急以左手向上，拇指在內，餘四指在外，虎口朝左拿住甲左手掌小指部位向外擰翻。同時，身體重心微直起稍向左偏，如此，必能化解甲之上法。此時，甲右腿乘勢直起，身體重心偏左（圖B36）。

【要領說明】

乙鼻部被壓之際切莫緊張，頭腦要冷靜，迅速以左手使勁擰翻甲左掌，使對方難以施展功力。翻擰時，一定要抓握住甲的掌部才有效，不要抓握手臂，因單拿臂效果不佳，也不易拿得住。

圖B36　反拿手掌法

（三十七）挺滾法

【動作分解】

當乙用上法時，甲右腳向左腳方向收回半步，然後左腳再向左前（東）出半步，腿稍弓。同時，盡量使左手經絡放鬆貼緊乙之胸部向上、向後挺滾，使乙失去重心而化解上法，目視左臂（圖B37）。

【要領說明】

甲先放鬆被拿之左臂，再向左前進步控住乙之雙腿，使其一時無法避躲，再以左臂將乙胸部向後挺滾，其必敗無疑。

上步之腿應緊靠乙腿後；挺滾之臂必須緊貼乙胸前。手臂用力方向應是向左後方。

圖 B37　挺滾法

（三十八）臂　法

【動作分解】

承上勢，當甲用上法時，乙速提右腿落於甲左腿後微弓，身體右轉（朝西南），穩住重心。同時，左手翻腕使掌心朝下，虎口朝前仍拿住甲之左手。右手從甲右手中掙脫收回，然後用右前臂猛力從甲左腋下對準其左胸前崩出，以破上法，目視右手。甲右手臂自然下落擺至體右側（圖B38）。

【要領說明】

乙左手翻腕反拿和提右腿與右手抽回身前應同時進行。接著，右腿在乙左腿後落步與右臂向甲左胸前崩擊為同一步進行。右腿落步要穩，右臂崩出要有力。

圖 B38　臂法

（三十九）收 勢

【動作分解】

1. 甲退步擊掌

當乙用上法時，甲速將左腿提起，身體左轉（朝東）使左腳落於身體左側（北）成左斜弓步。同時，左手猛力從乙左手中掙脫握拳，屈肘收抱於左腰側。右手向上用掌心對準乙右肩前拍擊過去。乙右手下落至身體右側，左手也微下落於身前（圖B39①）。

圖 B39①　甲退步擊掌　收勢

2. 乙退步按掌

乙隨即右轉身右腿向後（東）撤步成左弓步，右掌變拳收抱於右腰側，拳心朝上。左臂內旋，使左掌向上、向右、向下，以掌心按壓甲右手腕，目視左手（圖 B39②）。

圖 B39②　乙退步按掌　收勢

3. 甲乙退步擊拳（甲乙二人同時動作）

甲右腿向後（西）撤步成左弓步，右掌收至右腰側屈腕成倒掌，掌心朝前。同時，左臂內旋，左拳向前擊出，拳眼朝上，高與肩平。與此同時，乙左腿後（東）撤成右弓步，左掌收回左腰側屈腕成倒掌，掌心朝前，並將右拳猛力向前擊出，拳眼朝上，高與肩平並與甲之左拳相對，目視右拳。甲目視左拳（圖B39③）。

圖 B39③　甲乙退步擊掌　收勢

4. 甲乙併步雙擺掌（甲乙二人同時動作）

甲右腳前腳掌外展，身體右轉（朝南），隨即左腳收至右腳內側併步腿伸直站立。同時，右掌向前伸至左肘處，左拳變掌，兩臂一起由左向上、向右繞環下落至肩平，掌指均朝上，右臂伸直，掌心朝前，手腕上翹 90°。左掌位於右肩前，掌心朝後，屈腕、沉肘，目視右掌。乙右腳向左腳向（東）撤一步，身體右轉（朝北），左腳隨即向右腳內側靠攏併步直立。同時，左掌伸至右拳前，右拳變掌，後收至左肘，然後在左腳向右腳併步之際，雙臂一起由左向上、向右繞環下落至肩平，兩掌指均朝上，右臂伸直，手腕上翹 90°，掌心朝前。左掌位於右肩前，掌心朝後，屈腕、沉肘（與甲動作姿勢基本一樣，惟方向相反而已），目視右掌（圖 B39④）。

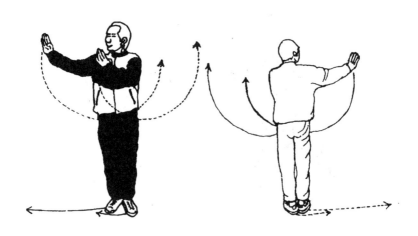

圖 B39④　甲乙併步雙擺掌　收勢

5. 甲乙虛步護身掌（甲乙二人同時動作）

甲乙右腳同時向右橫跨一大步，身體左轉，左腳收回半步成左虛步。兩臂均由右向下、向左、向上繞環，至身前與肩同高，左臂伸直屈腕上翹 90°，掌指朝上，高與鼻齊，掌心朝右。右掌護於左肘內側，掌指朝上，掌心朝左，肘下沉，目視對方（圖 B39⑤）。

圖 B39⑤　甲乙虛步護身掌　收勢

6. 甲乙併步雙抱拳（甲乙二人同時動作）

甲乙同時各自右腳前腳掌外展，身體右轉，隨即將左腳收至右腳內側併步直立。兩掌變拳收抱於兩腰側，拳心朝上，目視對（左）方（圖 B39⑥）。

7. 甲乙立正收功勢（甲乙二人同時動作）

甲乙同時頭轉正朝正前方，兩拳變掌下落於兩胯側，掌心朝裡，目視正前方。至此全套動作結束（圖 B39⑦）。

【要領說明】

1.甲將左腿從乙右腿內側提起落於左側，可穩住自己身體重心，同時，可避開對方手臂崩擊之勢。提腿與左臂掙脫抽回抱拳必須同時進行。接著，左腿落步與右掌揮擊乙右肩

圖 B39⑥　甲乙併步雙抱掌　收勢

為同一步進行。左腿繞步要快，右掌拍擊要有力。

2. 乙迅速退右步，以左掌按壓甲之右腕，既可化解甲之拍肩手法，又能穩固自己身體重心。退步和右手抱拳與左手按掌必須同時進行。

3. 甲右腿退步，右掌收回成倒掌，左拳向前擊出，與乙左腿後撤左掌收回成倒掌，右拳擊出，雙方必須配合一致，同時進行。

前弓之腿，膝不過腳尖，腳尖朝前微內扣，後撐之腰要挺直，腳尖向外斜 45°，用力後蹬。

4. 甲乙二人的右轉身併步擺掌動作，必須配合一致，同時進行。擺掌時雙臂繞環幅度要大，應以肩為軸由左向上、向右下繞環，手臂要有力。併步後兩腿要立直。

5. 虛步時，兩人必須均以右腿彎曲支撐重心，左腿微

圖 B39⑦　甲乙立正收功勢　收勢

屈，左腳前腳掌虛點地面不可用力，左腳跟稍抬起微外展，左膝微向內扣。兩掌左前右後，掌心相對，均屈腕上翹，兩肘下沉，不可外張。

6. 併步抱拳時，兩肘應在身後夾緊，兩拳收在腰肋中間，挺胸直立，精神振作，切不可因為整套功法即將結束而沒精打采，應有始有終，莫放鬆。

7. 立正收功之勢，其要領與起勢大體相同。

收功後稍停可交換角色再進行練習。

大展出版社有限公司
品冠文化出版社

圖書目錄

地址：台北市北投區(石牌)
　　　致遠一路二段 12 巷 1 號
郵撥：01669551＜大展＞

電話：(02) 28236031
　　　28236033
傳真：(02) 28272069

・生 活 廣 場・ 品冠編號 61

1.	366 天誕生星	李芳黛譯	280 元
2.	366 天誕生花與誕生石	李芳黛譯	280 元
3.	科學命相	淺野八郎著	220 元
4.	已知的他界科學	陳蒼杰譯	220 元
5.	開拓未來的他界科學	陳蒼杰譯	220 元
6.	世紀末變態心理犯罪檔案	沈永嘉譯	240 元
7.	366 天開運年鑑	林廷宇編著	230 元
8.	色彩學與你	野村順一著	230 元
9.	科學手相	淺野八郎著	230 元
10.	你也能成為戀愛高手	柯富陽編著	220 元
11.	血型與十二星座	許淑瑛編著	230 元
12.	動物測驗—人性現形	淺野八郎著	200 元
13.	愛情、幸福完全自測	淺野八郎著	200 元
14.	輕鬆攻佔女性	趙奕世編著	230 元
15.	解讀命運密碼	郭宗德著	200 元
16.	由客家了解亞洲	高木桂藏著	220 元

・女醫師系列・ 品冠編號 62

1.	子宮內膜症	國府田清子著	200 元
2.	子宮肌瘤	黑島淳子著	200 元
3.	上班女性的壓力症候群	池下育子著	200 元
4.	漏尿、尿失禁	中田真木著	200 元
5.	高齡生產	大鷹美子著	200 元
6.	子宮癌	上坊敏子著	200 元
7.	避孕	早乙女智子著	200 元
8.	不孕症	中村春根著	200 元
9.	生理痛與生理不順	堀口雅子著	200 元
10.	更年期	野末悅子著	200 元

・傳統民俗療法・ 品冠編號 63

1.	神奇刀療法	潘文雄著	200 元

2.	神奇拍打療法	安在峰著	200 元
3.	神奇拔罐療法	安在峰著	200 元
4.	神奇艾灸療法	安在峰著	200 元
5.	神奇貼敷療法	安在峰著	200 元
6.	神奇薰洗療法	安在峰著	200 元
7.	神奇耳穴療法	安在峰著	200 元
8.	神奇指針療法	安在峰著	200 元
9.	神奇藥酒療法	安在峰著	200 元
10.	神奇藥茶療法	安在峰著	200 元
11.	神奇推拿療法	張貴荷著	200 元
12.	神奇止痛療法	漆 浩 著	200 元

・彩色圖解保健・ 品冠編號 64

1.	瘦身	主婦之友社	300 元
2.	腰痛	主婦之友社	300 元
3.	肩膀痠痛	主婦之友社	300 元
4.	腰、膝、腳的疼痛	主婦之友社	300 元
5.	壓力、精神疲勞	主婦之友社	300 元
6.	眼睛疲勞、視力減退	主婦之友社	300 元

・心 想 事 成・ 品冠編號 65

1.	魔法愛情點心	結城莫拉著	120 元
2.	可愛手工飾品	結城莫拉著	120 元
3.	可愛打扮 & 髮型	結城莫拉著	120 元
4.	撲克牌算命	結城莫拉著	120 元

・少 年 偵 探・ 品冠編號 66

1.	怪盜二十面相	（精）	江戶川亂步著	特價 189 元
2.	少年偵探團	（精）	江戶川亂步著	特價 189 元
3.	妖怪博士	（精）	江戶川亂步著	特價 189 元
4.	大金塊	（精）	江戶川亂步著	特價 230 元
5.	青銅魔人	（精）	江戶川亂步著	特價 230 元
6.	地底魔術王	（精）	江戶川亂步著	特價 230 元
7.	透明怪人	（精）	江戶川亂步著	特價 230 元
8.	怪人四十面相	（精）	江戶川亂步著	特價 230 元
9.	宇宙怪人	（精）	江戶川亂步著	特價 230 元
10.	恐怖的鐵塔王國	（精）	江戶川亂步著	特價 230 元
11.	灰色巨人	（精）	江戶川亂步著	特價 230 元
12.	海底魔術師	（精）	江戶川亂步著	特價 230 元
13.	黃金豹	（精）	江戶川亂步著	特價 230 元
14.	魔法博士	（精）	江戶川亂步著	特價 230 元

15. 馬戲怪人	（精）	江戶川亂步著	特價 230 元
16. 魔人銅鑼	（精）	江戶川亂步著	特價 230 元
17. 魔法人偶	（精）	江戶川亂步著	特價 230 元
18. 奇面城的秘密	（精）	江戶川亂步著	特價 230 元
19. 夜光人	（精）	江戶川亂步著	特價 230 元
20. 塔上的魔術師	（精）	江戶川亂步著	特價 230 元
21. 鐵人Q	（精）	江戶川亂步著	特價 230 元
22. 假面恐怖王	（精）	江戶川亂步著	
23. 電人M	（精）	江戶川亂步著	
24. 二十面相的詛咒	（精）	江戶川亂步著	
25. 飛天二十面相	（精）	江戶川亂步著	
26. 黃金怪獸	（精）	江戶川亂步著	

・熱 門 新 知・ 品冠編號 67

1. 圖解基因與 DNA	（精）	中原英臣 主編	230 元
2. 圖解人體的神奇	（精）	米山公啟 主編	230 元
3. 圖解腦與心的構造	（精）	永田和哉 主編	230 元
4. 圖解科學的神奇	（精）	鳥海光弘 主編	230 元
5. 圖解數學的神奇	（精）	柳 谷 晃 著	

法律專欄連載・ 大展編號 58

台大法學院　　法律學系／策劃
　　　　　　　法律服務社／編著

1. 別讓您的權利睡著了(1)	200 元
2. 別讓您的權利睡著了(2)	200 元

・武 術 特 輯・ 大展編號 10

1. 陳式太極拳入門	馮志強編著	180 元
2. 武式太極拳	郝少如編著	200 元
3. 練功十八法入門	蕭京凌編著	120 元
4. 教門長拳	蕭京凌編著	150 元
5. 跆拳道	蕭京凌編譯	180 元
6. 正傳合氣道	程曉鈴譯	200 元
7. 圖解雙節棍	陳銘遠著	150 元
8. 格鬥空手道	鄭旭旭編著	200 元
9. 實用跆拳道	陳國榮編著	200 元
10. 武術初學指南	李文英、解守德編著	250 元
11. 泰國拳	陳國榮著	180 元
12. 中國式摔跤	黃 斌編著	180 元
13. 太極劍入門	李德印編著	180 元
14. 太極拳運動	運動司編	250 元

・名師出高徒・ 大展編號 111

1. 武術基本功與基本動作   劉玉萍編著   200 元
2. 長拳入門與精進   吳彬 等著   220 元
3. 劍術刀術入門與精進   楊柏龍等著   220 元
4. 棍術、槍術入門與精進   邱丕相編著   220 元
5. 南拳入門與精進   朱瑞琪編著   220 元
6. 散手入門與精進   張 山等著   220 元
7. 太極拳入門與精進   李德印編著   280 元
8. 太極推手入門與精進   田金龍編著   220 元

・實用武術技擊・ 大展編號 112

1. 實用自衛拳法   溫佐惠 著   250 元
2. 搏擊術精選   陳清山等著   220 元
3. 秘傳防身絕技   程崑彬 著   230 元
4. 振藩截拳道入門   陳琦平 著   220 元
5. 實用擒拿法   韓建中 著   220 元
6. 擒拿反擒拿 88 法   韓建中 著   250 元

・中國武術規定套路・ 大展編號 113

1. 螳螂拳   中國武術系列   300 元
2. 劈掛拳   規定套路編寫組   300 元
3. 八極拳

・中華傳統武術・ 大展編號 114

1. 中華古今兵械圖考   裴錫榮 主編   280 元
2. 武當劍   陳湘陵 編著   200 元
3. 梁派八卦掌（老八掌）   李子鳴 遺著   220 元
4. 少林 72 藝與武當 36 功   裴錫榮 主編   230 元
5. 三十六把擒拿   佐藤金兵衛 主編   200 元
6. 武當太極拳與盤手 20 法   裴錫榮 主編   元

・少 林 功 夫・ 大展編號 115

1. 少林打擂秘訣   德虔、素法 編著   300 元
2. 少林三大名拳 炮拳、大洪拳、六合拳   門惠豐 等著   200 元
3. 少林三絕 氣功、點穴、擒拿   德虔 編著   300 元

・道 學 文 化・ 大展編號 12

1. 道在養生：道教長壽術   郝勤 等著   250 元

·易 學 智 慧· 大展編號 122

·神 算 大 師· 大展編號 123

·命 理 與 預 言· 大展編號 06

・秘傳占卜系列・大展編號 14

・趣味心理講座・大展編號 15

國家圖書館出版品預行編目資料

三十六把擒拿／佐藤金兵衛　佐藤千鶴子編著
——初版，——臺北市，大展，2003 年〔民 92〕
面；21 公分，——（中華傳統武術；5）
ISBN 957-468-213-7 （平裝）

1.擒拿術
528.977
92003853

三十六把擒拿

ISBN 957-468-213-7

編 著 者／佐藤金兵衛　佐藤千鶴子
責任編輯／趙 振 平
發 行 人／蔡 森 明
出 版 者／大展出版社有限公司
社　　址／台北市北投區（石牌）致遠一路 2 段 12 巷 1 號
電　　話／（02）28236031 · 28236033 · 28233123
傳　　眞／（02）28272069

郵政劃撥／01669551
E - mail ／ dah-jaan＠pchome.com.tw
登 記 證／局版臺業字第 2171 號
承 印 者／高星印刷品行
裝　　訂／協億印製廠股份有限公司
排 版 者／弘益電腦排版有限公司
初版 1 刷／2003 年（民 92 年）5 月

定　價／200 元